Cristina Marco

POSTRES SIN GLUTEN

Cristina Marco

POSTRES SIN GLUTEN

DESAYUNOS, MERIENDAS Y POSTRES SALUDABLES.
DULCES PARA DARTE UN PLACER Y TARTAS PARA CELEBRAR

COCINA, DIETÉTICA Y NUTRICIÓN • EDITORIAL ARCOPRESS
Directora editorial: Isabel Blasco
Diseño y maquetación: Fernando de Miguel
Corrección: Maika Cano

Imprime: GRÁFICAS LA PAZ
ISBN: 978-84-17828-07-3
Depósito Legal: CO-1353-2019
Hecho e impreso en España - *Made and printed in Spain*

A mis padres y hermana por su amor incondicional.
A mi marido por ser cómplice de mis sueños y a mi pequeñito
Manuel por ser la razón de ellos.

ÍNDICE

9

Cómo he llegado hasta aquí

El primer postre que recuerdo realizar por mí misma fue en la cocina de mis abuelos de Ayerbe: unas galletas de mantequilla y cacao estilo ajedrez, sacadas de una revista de repostería que ya entonces coleccionaba. Como ves, me iban los retos, empecé con unas galletas de este estilo en lugar de conformarme con unas sencillas galletas de mantequilla. ¡Y tengo que confesar que me quedaron deliciosas!

Aquella fue mi primera inclusión en la cocina, aunque ya desde muy pequeña me gustaba estar cerca de mi madre y de mi abuela Aurea mientras cocinaban. Sentarme en un taburete y admirarlas era uno de mis pasatiempos favoritos. Mi mano en la cocina, sin duda, me viene de ellas… Siempre recordaré el suave aroma del bizcocho de manzana de mi madre, el que le pedía que elaborara para todos mis cumpleaños.

En casa siempre hemos celebrado todo con un rico postre casero: cumpleaños, domingos, fiestas especiales… Disfrutábamos muchísimo alrededor de una taza de chocolate con bizcochos de soletilla. ¡Los devoraba junto con mi hermana! O con los esponjosísimos bizcochos de yogur de mi madre, tan sencillos, pero tan ricos… y con todos los dulces con los que nos sorprendía de vez en cuando. Ya el mero hecho de que en la cocina se estuviera preparando un dulce era para mí toda una fiesta.

Aquellos momentos tan especiales me llevaron a crear mi primer blog en el año 2012. Empecé —junto con una amiga— con uno sencillo de repostería creativa y en él encontré mi vía de expresión, el espacio donde poder aunar la creatividad y la cocina. Me gustaba tanto que comencé a formarme en repostería, en fotografía, en edición… Empecé a dedicarle tantas horas que más que un *hobby* se convirtió en mi pasión.

En 2016 —debido a que a dos de mis mejores amigas y a parte de mi familia les diagnosticaron celiaquía— comencé a experimentar sobre repostería sin gluten. Yo era la encargada de realizar y llevar los postres y no quería que se conformaran con uno mediocre y mucho menos que se quedarán sin él. Quería que disfrutaran del mismo sabor, de la misma textura, del mismo dulce que el resto de la familia y amigos. Deseaba que nadie notara que no llevaba gluten. Y lo convertí en mi bandera.

Este afán de conseguir postres en los que nadie notara la diferencia me llevó a formarme sobre alimentación sin gluten, a experimentar con diferentes harinas, a aprender a interpretar las etiquetas de los ingredientes… No te lo voy a negar, no siempre ha sido fácil. He tirado y malgastado muchos ingredientes en recetas fallidas. Me he sentido frustrada, impotente y con ganas de abandonar la batalla. Pero me gustan los retos (creo que quedó patente en aquellas «mis primeras galletas») así que seguí y seguí hasta dar con la tecla, y por fin conseguí hacer postres con la certeza de obtener un buen resultado.

Un año y medio más tarde, en agosto de 2017, fui mamá y, lejos de desistir de un *hobby* que me robaba tantas horas, lo convertí en la herramienta perfecta para ayudar y aportar mi granito de arena para que todo el mundo pueda celebrar algo especial en sus vidas con un rico postre en la mesa, y de esta manera compartir con mi hijo una de mis mayores pasiones.

Así que te invito a ponerte el delantal, a ojear este libro y a elegir el próximo postre con el que despertar sonrisas. Y por qué no, con el que crear bonitos recuerdos.

MIS IMPRESCINDIBLES EN LA COCINA

El gluten es el responsable de la elasticidad de las masas, aportando consistencia y esponjosidad, por lo que te voy a contar cuáles son mis imprescindibles, los que nunca faltan en mi cocina para poder realizar todo tipo de postres sin gluten, sin que se note la ausencia de este y que te ayudarán a conseguir el mejor resultado.

- **Harina de arroz.** Seguramente una de las más conocidas y usadas y que fácilmente se encuentra en cualquier supermercado. Me gusta mucho por su sabor neutro pero es bueno complementarla con algún almidón. Existe la harina de arroz blanco, la versión semi integral y la harina de arroz integral.
- **Almidón de maíz.** Igual que la harina de arroz, es de las más usadas y asequibles aunque prefiero sustituir su uso por otros almidones (como los que te pongo abajo).
- **Fécula de patata.** Es un almidón y como tal actúa como espesante. Tiene una alta capacidad de retener el agua por lo que aporta una textura tierna y menos quebradiza que el almidón de maíz, por ejemplo.
- **Almidón de tapioca.** Me gusta por su sabor neutro y porque dota de cierta elasticidad a la masa. Me parece un muy buen complemento para una mezcla de harinas sin gluten.

Por supuesto tienes mucha más cantidad de harinas sin gluten pero estas cuatro son las indispensables en mi cocina y con las que hago la mayoría de mis postres. Si tuviera que nombrar alguna más para repostería sería la almendra molida, a la que también le doy bastante uso aunque más esporádicamente.

Por supuesto un aglutinante para mejorar la consistencia de los postres es clave y estos son los que nunca me fallan:

- **Goma xantana.** Con muy poquita cantidad se consigue una gran diferencia. Su fin en la elaboración de postres sin gluten es el de actuar como espesante y estabilizante. Consigue masas más elásticas y evita el desmigamiento.
- **Psyllium en polvo.** Lo utilizo mucho en masas fermentadas. El psyllium es un aporte de fibra que ayuda a dar estructura y facilita el trabajo y, por consiguiente, el resultado de masas que necesitan tiempo de fermentación.

¿Qué más tengo siempre en mi cocina?

- **Huevos de gallinas felices.** Tengo la suerte de contar en el pueblo de mi marido con gallinas muy felices y muy bien cuidadas así que en mis postres siempre utilizo huevos de calidad 100%. Estos huevos se comercializan con el código 0 por lo que te recomiendo apostar por este tipo de alimentación consciente.
- **Leche semidesnatada.** Es la que generalmente utilizo pero nunca en su versión desnatada ya que es la grasa la que nos va a dar sabor y textura. Dentro de las leches vegetales las que más suelo utilizar son la leche de almendras y la leche de coco por su aporte en grasas saludables y su sabor. Y siempre sin azúcar añadidos.

- **Mantequilla.** Aporta un sabor característico por lo que es importante utilizar mantequillas de buena calidad para que el postre gane en aroma y sabor. En general, si la receta no dice lo contrario, su uso es siempre a temperatura ambiente. Esto significa que la mantequilla debe estar a un punto que si la presionamos levemente se hunda ligeramente. Hoy en día, además, ya existen mantequillas sin lactosa y margarinas de calidad para sustituir en caso de intolerancias a los productos lácteos.

- **El aceite de oliva de sabor suave y el aceite de coco** también son ingredientes con los que cuento en mi cocina; así como la parte más grasa de las latas de leche de coco, que utilizo también en mis recetas más saludables.

- **Nata.** La nata, que en general utilizo en mis recetas, es siempre con un porcentaje de grasa superior a un 35%. Lo que se conoce como nata para montar. Cuando su uso es para añadir a la masa esta debe estar a temperatura ambiente pero si es para montar hay que trabajarla en frío. También está la versión sin lactosa y hay nata vegetal que además es más estable para montar. Yo la suelo usar incluso cuando no es necesario adaptar mi receta a sin proteína de leche de vaca (PLV).

  ¿Un truco para montar la nata? Media hora antes pon la nata, las varillas y si es posible el bol en el congelador y esto te permitirá que la nata monte mucho antes y sea más estable. Y muy importante: no te pases con el batido o se te cortará. Una vez esté montada, deja de batir y aromatiza a tu gusto.

- **Endulzantes.** Hay muchísimas variedades: azúcar blanco, azúcar moreno, azúcar de caña, azúcar de caña integral, panela, azúcar de coco... En mi cocina suelo tener de todos, sobre todo azúcar blanco, moreno y azúcar de coco, que es el endulzante que más utilizo para mis dulces más saludables aunque también utilizo otros como el xilitol y siropes como el de agave y arroz. ¡Hay todo un mundo detrás de los endulzantes!

- **Impulsores.** Aquí tenemos que diferenciar dos bloques: uno, la levadura que se utiliza para fermentar una masa como es la levadura fresca de panadería, también conocida como prensada y la levadura seca de panadería. Este tipo de levaduras es la que se utiliza para masas como los bollos, pan... Y el otro bloque es la levadura química, polvos de hornear o impulsor químico (que es lo mismo pero te pongo los tres nombres porque hay quien lo conoce por uno u otro), que es la que comúnmente se utiliza para masas como bizcochos y magdalenas. Y en este bloque también entraría el bicarbonato sódico, que también es muy utilizado para conseguir masas más aireadas.

- **Chocolate.** Un imprescindible en mi cocina y en mi día a día. Se le puede dar tantos usos... Incluirlo como pepitas dentro de la masa, hacer una *ganache* para decorar el postre, un baño de chocolate, incluirlo en el postre como parte de la masa, añadirlo en una crema... También el cacao en polvo forma parte de mis indispensables pero no me refiero al cacao para hacer chocolate a la taza sino al desgrasado sin azúcar añadidos. ¡No puedo vivir sin ellos!

- **Pasta de vainilla.** Es el aromatizante que más utilizo aunque también uso mucho la ralladura de limón y de la naranja, especias como la canela, jengibre, clavo, nuez moscada y el anís. Asegúrate que el aroma que utilices, al igual que el resto de ingredientes, sea sin gluten.

CLAVES PARA TRIUNFAR CON TUS POSTRES

Elaborar postres sin gluten deliciosos, con una textura envidiable, es todo un reto que con la ayuda de este libro vas a conseguir. Para ello te voy a dar diez claves que si las conoces y pones en práctica, obtener un buen resultado se convierte en una tarea mucho más sencilla. Y realizarás postres sin gluten con los que nadie note la diferencia. ¡Vamos con ellas!

• Clave n° 1

Intenta evitar hacer sustituciones y modificaciones por tu cuenta a no ser que seas un experto en masas sin gluten. Cada receta de este libro está pensada al detalle y realizada con cariño para que si sigues el paso a paso obtengas un muy buen postre. Lee la receta, sigue su proceso y más adelante ya empezarás a realizar tus propias versiones.

• Clave n° 2

Pesa todos los ingredientes de manera fiel. Un buen pesado de los ingredientes puede ser la diferencia entre el éxito y el fracaso. Antes de empezar con la receta prepara todos los ingredientes, pésalos y colócalos en la mesa de trabajo.

Para esto es super útil una balanza digital, de hecho, yo la utilizo todos los días tanto para mis elaboraciones dulces como saladas. Además, no suelen ser muy caras y son indispensables para la cocina. ¡100% recomendable! Para los ingredientes de poco peso como la sal, levadura... es mejor usar medidores de cucharas. Hoy en día están disponibles en tiendas de material de cocina y grandes superficies.

Y si la receta no dice lo contrario, los ingredientes SIEMPRE a temperatura ambiente.

● Clave n° 3

¡Trabaja sin miedo! Mezcla tu masa con energía y sin miedo a un exceso de trabajo. No te preocupes por mezclar demasiado. Cuando incluyas la harina o claras montadas, por ejemplo, entonces sí, los movimientos deben pasar a ser más lentos y envolventes. Si te tienes que pringar las manos, príngatelas. No hay nada como conocer las masas que trabajamos, su textura, su aroma incluso su sabor... Es la mejor manera de asegurarnos el éxito.

● Clave n° 4

Hazte con una batidora de varillas eléctricas que te facilite el trabajo. No hace falte que te gastes mucho dinero en una pero te servirá de gran ayuda a la hora de montar claras o nata o de realizar tus mezclas más aireadas.

● Clave n° 5

Es importante el uso de sustitutos del gluten como la goma xantana. Son muy necesarios, ya que nos aportarán efecto gelificante, estructura y elasticidad. En algunos casos su uso es opcional (aunque siempre se consigue un mejor resultado), pero depende qué postre sin gluten quieras hacer sin ingredientes aglutinadores, es un fracaso anunciado.

• Clave n° 6

Conoce tu horno. La mayoría de los hornos, por no decir todos, trabajan a una temperatura diferente a la que marcan por lo que es necesario conocerlo para adecuar la temperatura que marca la receta. Esto lo adquieres con el tiempo pero si no sueles trabajar mucho con tu horno, un utensilio para conocer la temperatura es un termómetro de horno. Así conocerás con certeza la temperatura real a la que trabaja y podrás ajustarla si es necesario. Además, es importante que antes de meter tu masa dentro el horno haya alcanzado ya la temperatura indicada.

• Clave n° 7

Crea el entorno adecuado. Una zona de trabajo limpia, sin posible contaminación cruzada y ordenada, y un entorno cálido, facilitarán un buen resultado. Organiza tus ingredientes y revisa que estén en perfecto estado y sean libres de gluten. Y sobre todo, la calma y la paciencia son unos grandes aliados. No quieras ir a contrarreloj. Disfruta del proceso.

• Clave n° 8

En cada receta te indico los ingredientes exactos que he utilizado. Están realizadas sin *mixes* comerciales. Si eliges utilizar un *mix* comercial, ten en cuenta que es posible que no se necesite la misma cantidad de harina sin gluten final ya que en su composición suele haber un mayor porcentaje de almidones. Te recomiendo hacerte con los ingredientes que verás en el libro para ser fiel al proceso.

• Clave n° 9

No te rindas. No siempre tenemos un buen día y es posible que lo que no te salga bien hoy mañana te salga mejor. Como dicen, la experiencia es un grado y a base de ir haciendo le irás cogiendo el truco y cada vez, hazme caso, te irán saliendo mejor y mejor hasta conseguir unos postres que serán la envidia de cualquier «cutre- bizcocho glutanero» del supermercado.

• Clave n° 10

Forma parte de la familia de *Postres sin gluten* donde cada semana doy nuevas recetas, contenido, información... Todo para ayudarte a dominar los postres sin gluten y que seas capaz de realizar postres con los que convertirás cada domingo en una auténtica fiesta (más información en *postressingluten.com*).

Y por último, antes de ponernos manos a la masa, es muy importante que todos los ingredientes que vayas a utilizar te asegures previamente que son sin gluten. Ahora sí que sí... ¡Vamos al lío!

LAS RECETAS

He dividido las recetas en cuatro apartados para que te sea más sencillo encontrar la receta perfecta en cada ocasión.

Desayunos
y meriendas:

Pastas de té
Galletas rellenas
Cookies
Rosas de chocolate
Magdalenas
Muffins de plátano y arándanos
Mini *brownies*
Bizcocho de soletilla

Churros
Creps
Brownie cheescake
Clafoutis de fresas
Bizcocho de calabaza
Salsa de caramelo
Bizcocho de anís
Bizcocho de yogur y limón

Postres saludables

Porridge de trigo sarraceno
Porridge de avena y chocolate
Natillas de chocolate *healthy*
Magdalenas de manzana
Bizcocho de yogur *healthy*
Bizcocho de chocolate
y cacahuete
Bizcocho de manzana

Tortitas de chía
Mini tartas *healthy* de chocolate
Galletas paleo
Carrot cake
Sacher sin azúcar
Crema healthy
Pasta de dátiles

Pequeños placeres

Tiramisú
Chocolate roll
Rollos de canela
Tarta Oreo
Pudin
Chispas de chocolate
Profiteroles
Bolas de azúcar
Merenguitos

Mousse de frutos rojos
Chantilly de dulce de leche
Chantilly de chocolate blanco
Coulis de frutos rojos
Helado de chocolate
Mini *cheescakes* de chocolate
Helado de mango
y chocolate blanco

Tartas
para celebrar

Tarta de fresas y nata
Tarta de higos
Galette de manzana
Pastel mágico
Tarta Nutella
Crema de Nutella
Tarta de cumpleaños
Crema de chocolate blanco
Tarta de chocolate y dulce de leche
Crema de merengue suizo

Tarta en vaso
Tarta de requesón
Tarta de tres chocolates
Glaseado de chocolate
Tarta de queso helada
de frutos rojos
Tarta de fresas
y chocolate blanco
Coulis de fresas
Tarta de chocolate y calabacín
Chantilly de chocolate

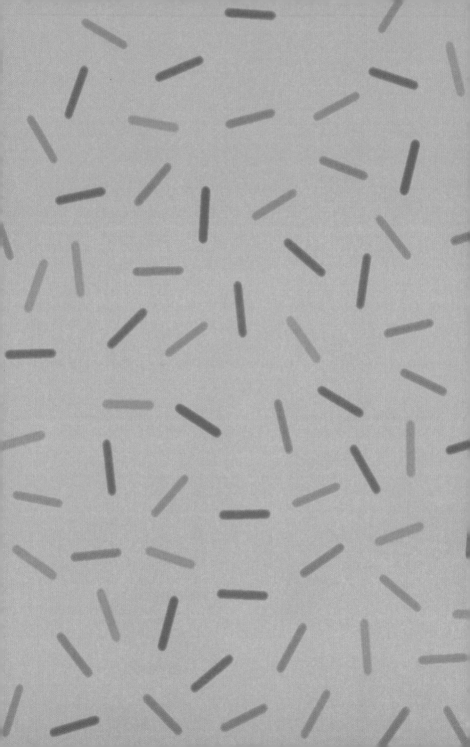

DESAYUNOS
y MERIENDAS

Pastas de TÉ

INGREDIENTES

- 400 g de harina sin gluten (120 g de harina de arroz integral + 140 g de harina de arroz + 70 g de fécula de patata + 70 g de almidón de tapioca)
- 290 g de mantequilla a temperatura ambiente
- 150 g de azúcar glas sin gluten
- 1 cucharadita y media de vainilla en pasta sin gluten
- ½ cucharadita de xantana
- 20 g de cacao en polvo

PREPARACIÓN

- Bate la mantequilla junto al azúcar glas diez minutos hasta formar una crema. Añade la vainilla y 380 g de harina sin gluten. Mezcla hasta obtener una mezcla homogénea y divide la masa en dos partes iguales.
- En una parte añade 20 g de cacao en polvo y en la otra añade 20 g de harina sin gluten. Mezcla ambas partes hasta conseguir dos mezclas homogéneas. Boléalas y lleva a la nevera quince minutos.
- Pasado el tiempo estira cada masa entre dos papeles de horno, consiguiendo una capa lisa y uniforme. Haz lo mismo con la otra mitad y lleva a la nevera una hora hasta que se endurezca la masa.
- Saca de la nevera y recorta cada masa, con la ayuda de una regla, en rectángulos de lado a lado de la misma dimensión. Dispón cada rectángulo uno encima de otro, alternando masa con chocolate y sin chocolate. Una vez formadas las capas con un cuchillo grande, corta la masa en partes de medio centímetro de grosor y reserva sobre una bandeja.
- Cuando tengas las galletas formadas, déjalas reposar en la nevera mientras precalientas el horno a 180°. Una vez que el horno esté caliente, hornea las galletas durante diez minutos.
- Una vez horneadas, sácalas del horno pero no las manipules. Las galletas son extremadamente delicadas en este punto. Deja que se enfríen por completo sobre una rejilla antes de consumirlas.

Utiliza margarina o mantequilla sin lactosa para hacer las galletas sin lactosa.

GALLETAS RELLENAS

- 400 g de *mix* de harina sin gluten (he utilizado una mezcla con 120 g de harina de arroz integral + 140 g de harina de arroz + 70 g de almidón de tapioca + 70 g de fécula de patata)
- 225 g de mantequilla*

- 150 g de azúcar glas
- 1 huevo M
- 1 cucharadita de vainilla
- ½ cucharadita de sal
- ½ cucharadita de xantana

PREPARACIÓN

- Pon la mantequilla a temperatura ambiente con el azúcar y batimos hasta formar una pasta.
- Añade el huevo y mezcla durante cinco minutos.
- Incorpora la vainilla.
- Añade 375 g de harina sin gluten, sal y la xantana, y mezcla durante unos 5-10 minutos.
- El resto de harina échala sobre la mesa y trabaja con las manos hasta que quede una masa suave y lisa. Haz una bola con ella y envuélvela en film osmótico, y déjala reposar en la nevera mínimo una hora.
- Divide la masa en dos y con la ayuda de un rodillo estírala entre dos hojas de papel de horno. Así evitas que se pegue al rodillo y puedes trabajarla mejor.
- Cuando tengas la masa fina y lisa llévala a la nevera mínimo una hora (puede ser hasta el día siguiente).
- Una vez que haya pasado el tiempo puedes sacarla y con la ayuda de un cortador corta las galletas. Dispón sobre una bandeja y hornéalas a 180° hasta que se empiecen a dorar los bordes (para galletas pequeñas con seis minutos es suficiente, para galletas grandes unos ocho minutos).
- Saca del horno, aplástalas ligeramente para alisar la superficie y déjalas enfriar sobre una rejilla por completo antes de decorarlas.
- Guarda en un bote hermético.
- Rellena con crema de chocolate y ¡listas!

*Utiliza mantequilla sin lactosa o margarina para hacer esta receta sin lactosa.

COOKIES sin gluten

INGREDIENTES

- 250 g de harina sin gluten (he utilizado una mezcla propia con 165 g de harina de arroz + 45 g de almidón de tapioca + 40 g de fécula de patata)
- 170 g de mantequilla a temperatura ambiente
- 60 g de azúcar blanco
- 160 g de azúcar moreno
- 1 huevo L
- 1 cucharita de pasta de vainilla sin gluten
- ¼ cucharadita de xantana
- 1 cucharadita de bicarbonato sódico
- 1 pellizquito de sal (opcional)
- 120 g de chips de chocolate
- 5-6 pepitas de chocolate de colores sin gluten por galleta (he utilizado los de una marca blanca de supermercado que son sin gluten)

PREPARACIÓN

- En el bol de la batidora/amasadora bate la mantequilla con el azúcar blanco y moreno. Cuando la masa esté cremosa añade el huevo, integra y añade la vainilla.
- Tamiza la harina y agrega al bol junto con el resto de ingredientes secos: el bicarbonato sódico, la xantana y el pellizquito de sal. Mezcla bien todos los ingredientes utilizando el gancho de amasar y una vez homogénea introduce los chips de chocolate.
- Prepara una bandeja de horno con papel de horno y ve haciendo bolitas de unos 45 g cada una. Con esta receta te saldrán unas 12-15 galletas.
- Una vez formadas todas las galletas, mete la bandeja en la nevera y refrigera durante al menos una hora.
- Precalienta el horno a 180°, calor arriba y abajo, y una vez listo introduce la bandeja a media altura y hornea once minutos o hasta que los bordes se doren. Al sacarlas parecen que están demasiado blandas pero no te preocupes porque al enfriarse es cuando adquieren consistencia.
- Saca las galletas y decora al momento con las pepitas de chocolate de colores sin gluten.

Para hacer su versión sin lactosa sustituye la mantequilla por una sin lactosa al igual que la vainilla en pasta (si no utiliza el interior de la vaina de una vainilla) y utiliza chocolate negro en vez de las pepitas de colores.

Rosas de CHOCOLATE

INGREDIENTES

- 250 g de harina sin gluten (50% almidón) (he utilizado una mezcla con 135 g de harina de arroz + 65 g de almidón de maíz + 30 g de almidón de tapioca + 20 g de fécula de patata)
- 250 g de mantequilla en punto pomada
- 100 g de azúcar glas sin gluten
- 15 g de cacao en polvo
- 45 ml de leche sin lactosa
- ½ cucharadita de canela sin gluten
- ¼ cucharadita de xantana

PREPARACIÓN

- Bate la mantequilla y el azúcar glas hasta formar una crema homogénea.
- Agrega la leche y la canela. Remueve hasta integrar y por último incorpora el resto de ingredientes: la mezcla de harina sin gluten, el cacao en polvo y la xantana.
- Amasa hasta conseguir una masa densa y homogénea y rellena una manga pastelera con una boquilla rizada.
- Dibuja las rosas sobre papel sulfurado en una bandeja de horno (es una masa muy dura así que tendrás que hacer fuerza para realizar la forma).
- Hornea quince minutos a 180°.

Utiliza mantequilla sin lactosa o margarina y leche sin lactosa o vegetal para hacer estas galletas sin lactosa.

Magdalenas

INGREDIENTES

- 185 g de harina sin gluten (he utilizado una mezcla con 120 g de harina de arroz + 30 g de almidón de tapioca + 30 g de fécula de patata)
- 190 ml de aceite de oliva suave
- 140 g de huevos (3 huevos M aprox.)
- 175 g de azúcar
- 1 cucharadita y media de levadura (7 g)
- 60 ml de leche semi (sin lactosa o con leche vegetal si tienes intolerancia, leche de almendras, por ejemplo)
- Ralladura de un limón
- 1 cucharadita de canela sin gluten
- 1 cucharadita de goma xantana (opcional)

PREPARACIÓN

- Bate el azúcar junto con los huevos hasta que empiecen a espumar.
- Añade el aceite poco a poco.
- Una vez que la mezcla esté homogénea, incorpora la leche, la ralladura de limón y la canela.
- Bate hasta integrar bien.
- Añade la harina y una vez que esté bien mezclada, tapa el bol con film osmótico y lleva a la nevera mínimo una hora. (Puede ser de un día para otro o media hora en el congelador).
- Una vez que la masa esté bien fría, precalienta el horno a 250°.
- Saca la masa del frío y añade la levadura y la goma xantana, remueve para mezclar bien y dispón la masa en las cápsulas de las magdalenas hasta llenar las ¾ partes.
- Hornea a 220° durante quince minutos aproximadamente o hasta que al pinchar con un palillo este salga limpio.
- Saca las magdalenas del horno y deja enfriar sobre una rejilla. ¡A disfrutar!
- Nota: Es importante el reposo de la masa en frío. El contraste de la masa fría con el horno caliente consigue que las magdalenas tengan un copete alto y crezcan en el horno de forma regular.

Sustituye la leche por su versión sin lactosa o una vegetal como la de almendras para conseguir una receta sin lactosa.

MUFFINS de PLÁTANO y ARÁNDANOS

INGREDIENTES

para unas 9-10 *muffins* sin gluten

- 180 g de harina sin gluten (yo he utilizado 120 g de arroz + 40 g de fécula de patata + 20 g de almidón de maíz)
- ½ cucharadita de xantana (omite si tu mezcla de harinas ya lleva)
- 110 g de mantequilla a temperatura ambiente
- 150 g de azúcar
- 1 huevo L

- 125 ml de leche semidesnatada
- 1 cucharadita de extracto de vainilla sin gluten
- 1 plátano grande maduro triturado
- 1½ cucharadita de levadura sin gluten
- ¼ cucharadita de bicarbonato
- ¼ cucharadita de sal
- 100 g de arándanos congelados

PREPARACIÓN

- Prepara tu bandeja de *cupcakes* con las cápsulas de papel y enciende el horno a 180° para que vaya cogiendo temperatura.
- En un bol vierte la mantequilla y el azúcar. Bate hasta obtener una crema, echa el huevo y vuelve a batir. Una vez bien integrado, añade la vainilla junto con el plátano triturado y la leche. Mezcla.
- Tamiza el *mix* de harinas y añade la levadura, el bicarbonato y la sal. Con la ayuda de una espátula vierte las harinas al bol e integra con movimientos envolventes.
- Rellena las cápsulas ¾ partes de su capacidad y dispón sobre cada muffin 4-5 arándanos.
- Hornea durante 20-25 minutos o hasta que al pinchar con un palillo este salga limpio.
- Saca del horno, deja reposar las *muffins* cinco minutos y déjalas enfriar sobre una rejilla.

*Versión sin lactosa sustituyendo la mantequilla por una sin lactosa o margarina o utiliza leche sin lactosa o vegetal de tu gusto. Además, asegúrate de que el aromatizante es también sin lactosa o, si no, prueba con el interior de una vaina de vainilla o ½ cucharadita de canela sin gluten.

Mini *BROWNIES*

INGREDIENTES

- 3 huevos L
- 2 yemas de huevo
- 200 g de chocolate negro
- 165 g de mantequilla sin sal
- 165 g de azúcar moreno

- 25 g de almidón de maíz
- 15 g de cacao en polvo sin azúcar
- 1 cucharadita de vainilla en pasta sin gluten
- 1 pizca de sal

PREPARACIÓN

- Precalienta el horno a 170°, calor arriba y abajo sin el ventilador.
- Pon la mantequilla junto al chocolate en un cazo para fundirlo al baño María poco a poco, removiendo para que se deshaga bien. Reserva.
- En un bol vierte los huevos con las yemas y el extracto de vainilla y bate durante varios minutos para que coja aire la mezcla, hasta que veamos que se aclara y que ha doblado su volumen.
- Incorpora el azúcar poco a poco sin dejar de batir hasta que esté bien integrado, con cuidado para que no se baje la mezcla.
- Una vez listo echa el chocolate que tenías reservado y con la ayuda de una espátula intégralo con movimientos envolventes. Es un poco trabajoso pero así conseguiremos que la textura de nuestro *brownie* sea bien esponjosa y esté !!!muuuuuuuuuuy rico!!!
- Cuando ya tengas el chocolate incluye el almidón de maíz junto al cacao en polvo tamizado y la sal e igualmente mezcla hasta integrar.
- Vierte la masa sobre los papeles de magdalenas en una bandeja de *cupcakes* y hornea durante diez minutos aproximadamente.
- Deja que se temple y... ¡muere de placer!
- Puedes terminar de decorar con unos *sprinkles* de colores sin gluten.

*Puedes realizarla sin lactosa sustituyendo la mantequilla por su versión sin lactosa o margarina vegetal y asegurándote de que la vainilla en pasta es apta. Si no, utiliza el interior de una vaina de vainilla.

BIZCOCHOS de SOLETILLA

INGREDIENTES

- 3 claras de huevo
- 2 yemas
- 90 g de azúcar
- 70 g de almidón de maíz
- 30 g de fécula de patata
- 1 pizca de sal
- 5 g de impulsor químico (levadura de repostería)

PREPARACIÓN

- Monta las claras con la pizca de sal en un bol (es importante que queden bien montadas). Reserva.
- En un bol aparte bate las yemas con el azúcar hasta formar una crema más blanquecina y que esta doble su volumen. Agrega a esta mezcla los almidones y la levadura e integra con movimientos envolventes.
- Echa las claras montadas y con una espátula realiza movimientos envolventes hasta tener una crema homogénea.
- Rellena una manga pastelera, corta la punta con una tijera y haz tiras de 3 cm de grosor sobre una bandeja de horno.
- Hornea diez minutos a 200°.
- Deja que se enfríen en una rejilla y listas para disfrutar de ellas.
- Puedes acompañar una taza de chocolate con ellas, mojarlas en leche... ¡o rellenarlas con tu crema preferida!

Receta sin lactosa.

CHURROS

INGREDIENTES

- 250 ml de agua
- 90 g de harina sin gluten
- 50 g de harina de arroz
- 25 g de almidón de maíz
- 15 g de almidón de tapioca

- ½ cucharadita de levadura
- ½ cucharadita de sal
- ¼ cucharadita de xantana
- Aceite para freír
- Azúcar para rebozar

PREPARACIÓN

- En un cazo echa el agua y sal y lleva al fuego hasta que comience a hervir. Cuando hierva añade la harina con la levadura y la xantana de un solo golpe. Remueve y retira el cazo del fuego.
- Mezcla con fuerza hasta obtener una crema densa y sin grumos (yo me ayudo en este paso con una batidora de mano tipo túrmix para que quede una masa bien lisa).
- Rellena una manga pastelera y deja reposar media hora.
- Pon aceite a calentar para freír los churros.
- Utiliza una boquilla de estrella abierta para hacer la forma de los churros y vierte sobre el aceite caliente.
- Fríe hasta que empiecen a coger un tono dorado. Reboza con azúcar y cómetelos recién hechos junto a una taza de chocolate. ¡Puro placer!
- Nota: te aconsejo que en el momento de freír los churros tapes el cazo para prevenir posibles salpicaduras de aceite. Puedes hacer la forma también con una pistola de galletas.

Receta sin lactosa.

45

CREPS sin gluten

INGREDIENTES
para unos 6 *creps* medianos

- 115 g de harina sin gluten. (He utilizado 60 g de harina de arroz + 30 g de almidón de maíz + 25 g de fécula de patata)
- 250 ml de leche semidesnatada o leche vegetal (leche de coco o de almendras)
- 2 huevos L
- ¼ cucharadita de goma xantana

PREPARACIÓN

- Pon todos los ingredientes en un vaso alto y tritura con la batidora eléctrica.
- Calienta una sartén antiadherente y echa un poquito de aceite para engrasar y que no se pegue la masa (muy poquito).
- Vierte un cacillo de masa y extiende por toda la sartén.
- Deja que se cuaje y una vez que esté lista, dale la vuelta y cocina hasta que estén ligeramente doraditas.
- Sirve en un plato y decora o rellena a tu elección. ¡Te va a encantar esta masa!

Receta sin lactosa.

BROWNIE CHEESCAKE

INGREDIENTES

- 135 g de harina sin gluten (90 g de harina de arroz + 30 g de fécula de patata + 15 g de almidón de tapioca + ½ cucharadita de xantana)
- 185 g de mantequilla/margarina
- 30 g de cacao
- 200 g de azúcar moreno

- 2 huevos
- 285 g de queso crema (puede ser sin lactosa)
- 90 g de azúcar blanco
- 2 huevos
- 1 cucharadita de vainilla (o el interior de una vaina de vainilla)

PREPARACIÓN

- Primero realiza la mezcla de *brownie*, para ello bate los huevos con el azúcar hasta espumar, echa la mantequilla derretida y tamiza los ingredientes secos (mezcla de harinas y cacao desgrasado) e incorpora a la mezcla.
- Vierte esta mezcla sobre un molde engrasado y preparado con papel sulfurado.
- Ahora realiza la mezcla de queso: bate el queso crema con el azúcar, incluye los huevos y la cucharadita de vainilla y mezcla todo bien hasta obtener una crema homogénea.
- Vierte sobre la mezcla de *brownie* y ayuda a repartir y a integrarse con parte del *brownie* realizando movimientos circulares con la ayuda de un tenedor.
- Hornea a 170° durante cincuenta minutos. Una vez pasado el tiempo saca del horno y deja templar antes de desmoldar.
- Espolvorea cacao sobre la superficie y ¡disfruta!

Versión sin lactosa: mantequilla sin o margarina y el queso crema en su versión sin lactosa.

CLAFOUTIS
de FRESAS

- 50 g de harina sin gluten (he utilizado 30 g de harina de arroz + 20 g de almidón de maíz)
- 450 g de fresas
- 30 g de azúcar moreno
- 3 huevos
- 300 ml de leche entera

- 1 cucharadita de esencia de vainilla sin gluten
- 100 g de azúcar
- 60 g de mantequilla y un poco más para engrasar el molde
- 50 g de harina de almendras

PREPARACIÓN

- Lava las fresas, sécalas y retírales el rabito..
- Unta todo el molde con mantequilla y espolvorea con azúcar moreno toda la superficie. Reparte las fresas por toda la base del molde y reserva.
- En un bol bate los huevos con el azúcar hasta que empiece a espumar.
- Vierte la mantequilla derretida.
- Incorpora la harina de almendras con movimientos envolventes y el resto de harina sin gluten. Remueve hasta integrar completamente.
- Añade una cucharadita de vainilla en pasta, esencia o el interior de una vaina de vainilla.
- Por último, agrega la leche y remueve bien. ¡Ya está lista la mezcla!
- Vierte esta crema sobre el molde con fresas y lleva al horno precalentado a 150° durante cincuenta minutos. Deja templar y sirve. Mmmmm...

BIZCOCHO
de CALABAZA

INGREDIENTES

- 360 g de harina sin gluten (he utilizado una mezcla propia con 220 g de harina de arroz +70 g de almidón de maíz + 70 g de almidón de tapioca)
- ½ cucharadita de xantana
- 3 cucharaditas de levadura en polvo
- 1 cucharadita de canela sin gluten
- 1 cucharadita de pasta de vainilla sin gluten
- 180 ml de aceite de oliva suave
- 3 huevos L
- 200 g de azúcar moreno
- 125 ml de café
- 75 ml de leche sin lactosa
- 250 g de puré de calabaza

PREPARACIÓN

- Antes de empezar, deja el puré de calabaza sobre un colador para que pierda el exceso de agua y pon el horno a precalentar a 180°, con calor arriba y abajo
- Prepara el molde, engrásalo y reserva.
- Tamiza la mezcla de harinas sin gluten.
- Bate en un bol el aceite con el azúcar hasta que emulsione.
- Añade los huevos de uno en uno y la pasta de vainilla. Bate hasta integrar bien todo.
- Añade la mezcla de harinas tamizada, la levadura, la canela y la xantana y remueve con la ayuda de una espátula.
- Incorpora la leche y el café, bate lentamente y, por último, incorpora el puré de calabaza.
- Cuando tengas una masa homogénea rellena el molde y hornea 45-50 minutos. Pasado el tiempo desmolda y decora con chocolate derretido o salsa de caramelo.

Receta sin lactosa.

continúa...

Bizcocho de CALABAZA

continuación

Salsa CARAMELO

INGREDIENTES

- 50 g de azúcar
- 200 ml de nata

PREPARACIÓN

- Pon un cazo al fuego y añade el azúcar. Deja que se caliente hasta que se funda y se dore sin que se llegue a quemar.
- Agrega la nata templada con cuidado y remueve la mezcla al fuego hasta que se integre todo bien y quede homogéneo.

*Utiliza nata sin lactosa o vegetal
para una versión sin lactosa.*

Bizcocho
con ANÍS

INGREDIENTES

- 200 g de harina sin gluten (he utilizado 60 g de harina de arroz integral + 70 g de harina de arroz + 35 g de fécula de patata y 30 g de almidón de tapioca)
- 1 yogur
- 150 g de azúcar
- 100 ml de aceite de girasol
- 1 sobre de levadura química
- 95 ml de anís
- 1 cucharada de zumo de limón recién exprimido
- 3 huevos M
- ¼ cucharadita de xantana

PREPARACIÓN

- Pon en un bol los huevos y el azúcar y bate durante 5-10 minutos para que coja cuerpo. Añade el aceite e integra.
- Incorpora el yogur y el zumo de limón. Bate hasta integrar.
- Tamiza la harina y añade al bol junto a la levadura y la xantana. Remueve con unas varillas realizando movimientos envolventes y, por último, echa el anís e incorpora a la mezcla.
- Hornea 35 minutos a 170° o hasta que al pinchar con un palillo este salga limpio.
- Deja enfriar sobre una rejilla y acompáñalo junto a una bebida caliente. ¡Delicioso! Uno de mis preferidos para acompañar un café con las amigas.

*Receta sin lactosa.

BIZCOCHO de YOGUR y LIMÓN

INGREDIENTES

- 120 g de harina de arroz
- 50 g de almidón de maíz
- 1 yogur
- 125 g de azúcar

- 100 ml de aceite de girasol
- 1 sobre de levadura sin gluten
- 3 huevos M
- 1 cucharada de zumo de un limón

PREPARACIÓN

- Pon en un bol la harina de arroz y el almidón de maíz y tamiza. Añade la levadura química y reserva.
- En otro bol echa el azúcar, el aceite y los huevos. Bate hasta formar una crema homogénea, añade el yogur y el zumo de limón exprimido y bate hasta integrar.
- Añade los ingredientes secos y mezcla con una espátula. Engrasa un molde y hornea a 180° treinta minutos (el tiempo dependerá del molde utilizado así que es mejor estar pendiente y pinchar con un palillo antes de retirarlo del horno, si este sale limpio está el bizcocho hecho).
- Deja enfriar sobre una rejilla.
- Puedes terminar el bizcocho preparando una glas de limón con 100 g de azúcar glas sin gluten y 3-4 cucharadas de zumo de limón. Tamiza el azúcar glas sin gluten en un bol y añade las cucharadas de limón exprimido. Remueve hasta disolver el azúcar y baña el bizcocho.

*Receta sin lactosa, puedes sustituir el yogur
por uno de soja o coco si te sienta mal.*

POSTRES
SALUDABLES

PORRIDGE DE TRIGO SARRACENO

INGREDIENTES

- 100 g de trigo sarraceno en copos
- 400 ml de leche vegetal (leche de almendras, de avena, de soja...)
- 1 plátano
- Nueces
- Arándanos
- Sirope de agave para endulzar

PREPARACIÓN

- Lavar los copos de trigo sarraceno y dejar en remojo mínimo cuatro horas.
- Al día siguiente escurrir el agua y poner en el cazo junto a la leche vegetal hasta que hierva a temperatura media.
- Cuando hierva, dejar cinco minutos removiendo de vez en cuando.
- Pasado el tiempo, retirar del fuego y volcar en un bol.
- Completar el desayuno con un plátano troceado, unos arándanos y nueces troceadas, y terminar endulzando con sirope de agave. ¡El desayuno está servido!
- Notas: Puedes sustituir el sirope por media cucharadita de estevia.

Receta sin lactosa.

PORRIDGE de AVENA y CHOCOLATE

INGREDIENTES

- 100 g de avena
- 400 ml de leche vegetal (leche de almendras, de avena, de soja...)
- 15 g de cacao en polvo desgrasado (tipo Valor)
- 2 cucharadas de sirope de agave
- Fresas, frambuesas y media cucharada de crema de cacahuete o tahini

PREPARACIÓN

- Pon la avena en un cazo con la leche, el sirope de agave y el cacao y deja hervir durante cinco minutos removiendo para que no se pegue.
- Pasado el tiempo, retira del fuego y vuelca en un bol la porción que vayas a consumir.
- Completa el desayuno con frutos rojos al gusto y un poquito de pasta de frutos secos como es la crema de cacahuete o tahini. Termina con un chorrito de sirope de agave sobre las frutas y ¡listo!

*Receta sin lactosa.

NATILLAS de CHOCOLATE
HEALTHY

INGREDIENTES

- 400 ml de leche de coco
- Piel de un limón
- Interior de una vaina de vainilla o una cucharadita de vainilla en pasta sin gluten
- 4 yemas de huevo
- 50 g de azúcar de coco
- 20 g de cacao en polvo

PREPARACIÓN

- Vierte la leche de coco en un cazo y calienta junto a la piel de limón y el interior de la vaina de vainilla.
- Mientras la leche se calienta, bate en un bol las yemas junto al azúcar de coco.
- Cuando la leche esté a punto de hervir, apaga el fuego y deja que se temple.
- Una vez que se atempere, echa la leche en el bol de las yemas con el azúcar, con la ayuda de un colador para recoger la piel del limón y sin dejar de batir.
- Vuelve a llevar toda la mezcla al fuego medio-suave y echa el cacao en polvo.
- Disuelve con las varillas y remueve hasta que las natillas espesen. Este proceso puede durar 10-15 minutos, las natillas empiezan a espesar cuando la mezcla está a unos 70-75°, a punto de hervir.
- Rellena los boles y deja enfriar a temperatura ambiente antes de llevarlos a la nevera donde deben reposar unas cuatro horas.
- Espolvorea canela en polvo y ¡sirve!

Receta sin lactosa.

MAGDALENAS
de MANZANA
SALUDABLES

INGREDIENTES

- 140 g de harina de arroz integral
- 50 g de harina de avena sin gluten
- 8 g de levadura
- 1 huevo M
- 100 g de panela

- 120 ml de leche de almendras
- 100 ml de aceite de oliva suave
- 120 g de puré de manzana
- Decoración: trocitos de manzana

PREPARACIÓN

- Bate los huevos junto a la panela.
- Añade la leche y, por último, el puré de manzana.
- Vierte los ingredientes secos, la harina de arroz integral, la harina de avena sin gluten, la levadura y ¼ cucharadita de canela.
- Rellena las cápsulas y decora con trocitos de manzana.
- Hornea a 180° durante 20-25 minutos.

Receta sin lactosa.

Bizcocho de YOGUR
HEALTHY

INGREDIENTES

- 170 g de harina sin gluten (120 g de harina de arroz integral + 50 g de fécula de patata)
- 1 yogur
- 100 g de azúcar de coco
- 100 ml de aceite de oliva suave
- 1 sobre de levadura
- 3 huevos M

PREPARACIÓN

- Pon en un bol el aceite con el azúcar y bate hasta espumar.
- Añade los huevos de uno en uno e integra con las varillas.
- Tamiza la harina sin gluten y añade la mitad a la mezcla. Integra con una espátula realizando movimientos envolventes. Echa el yogur, integra y añade el resto de harina.
- Rellena un molde y hornea durante treinta minutos a 180° o hasta que al pinchar con un palillo este salga limpio.

*Utiliza yogur de soja o de coco en caso de intolerancia a la PLV.

Bizcocho
de DESAYUNO
de CHOCOLATE
y CACAHUETE

INGREDIENTES

- 120 g de harina de avena sin gluten
- 45 g de mantequilla de cacahuete
- 55 ml de aceite de oliva suave
- 2 huevos
- 3 plátanos maduros

- 90 g de azúcar de coco
- 1 cucharadita de levadura
- ½ cucharadita de bicarbonato
- 15 g de cacao en polvo
- 1 cucharadita de xantana (opcional)

PREPARACIÓN

- Bate los huevos junto al azúcar de coco.
- Añade el aceite y la crema de cacahuete.
- Incorpora los plátanos hechos puré y añade los ingredientes secos con la ayuda de una espátula.
- Echa la harina, el cacao, la levadura y el bicarbonato.
- Vierte en un molde y hornea a 180° durante cuarenta minutos o hasta que al pinchar con un palillo este salga limpio.
- Deja enfriar y disfruta de un intenso bizcocho de chocolate.

Receta sin lactosa.

BIZCOCHO de MANZANA SALUDABLE

- 175 g de harina sin gluten (yo he utilizado 115 g de harina de arroz integral + 30 g de fécula de patata + 30 g de almidón de tapioca)
- 70 g de puré de manzana
- 3 huevos M
- 1 pizca de sal
- 125 g de azúcar de coco
- 80 ml de aceite de oliva suave
- 75 ml de leche de coco
- 7 g de levadura sin gluten
- ½ cucharadita de canela
- ½ cucharadita de xantana (omite si tu mezcla de harinas ya lleva)

PREPARACIÓN

- Engrasa tu molde y cúbrelo de papel sulfurado para facilitar el desmoldado.
- Precalienta el horno a 170°, calor arriba y abajo.
- Pela y ralla la manzana, y déjala reposar sobre un escurridor para que pierda el exceso de agua.
- En un bol bate los huevos con el azúcar durante cinco minutos para que coja bien de aire. Añade el aceite y bate durante otros cinco minutos más.
- Incorpora la leche de coco, el puré de manzana y la canela. Remueve con una espátula.
- Añade la mezcla de harinas tamizada, la levadura y la xantana y remueve hasta integrar.
- Echa la mitad de la masa en el molde preparado previamente y cubre con manzana laminada, vierte el resto de la masa y decora con láminas de manzana.
- Hornea durante treinta minutos a 170°.
- Déjalo enfriar sobre una rejilla y puedes terminarlo de decorar espolvoreando por encima una cucharadita de canela con azúcar glas sin gluten.

*Receta sin lactosa.

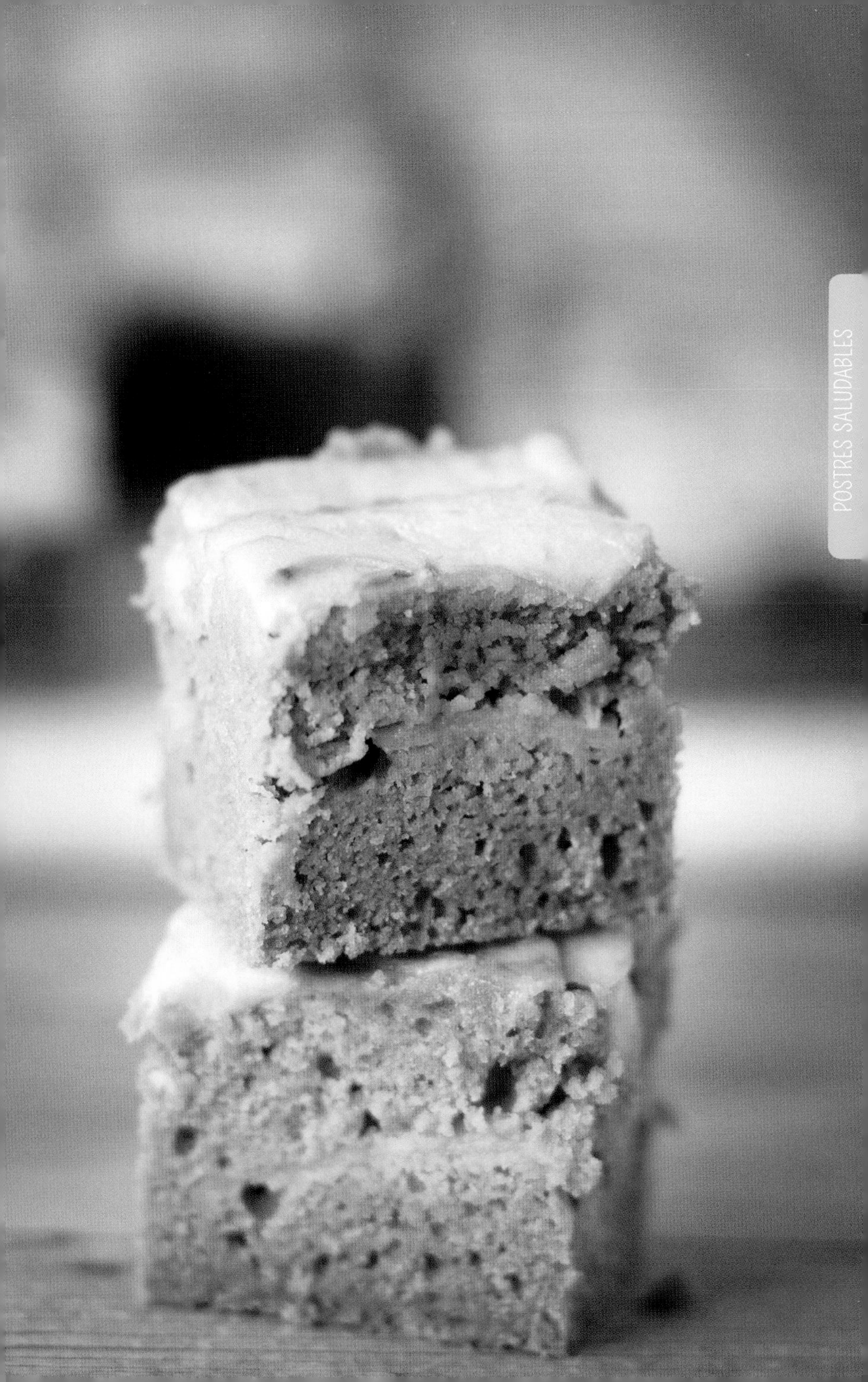

TORTITAS de CHÍA

INGREDIENTES

- 25 g de harina de almendra
- 50 g de harina de arroz integral
- 15 g de semillas de chía
- 150 ml de leche de almendras
- 1 cucharadita de canela
- 1 cucharadita de vainilla en pasta sin gluten
- 30 g de azúcar de coco
- 2 cucharaditas de bicarbonato
- 1 cucharadita de vinagre blanco

PREPARACIÓN

- Mezcla en un bol los ingredientes secos: la harina de almendras, la harina de arroz integral, las semillas de chía, la canela y el azúcar de coco.
- Remueve con unas varillas para mezclar bien los ingredientes.
- Añade la leche de almendras y la cucharadita de vainilla.
- Deja reposar la mezcla durante diez minutos. Es el tiempo necesario para que las semillas de chía se hidraten y aporten densidad a la mezcla.
- Por último, en un vasito echa dos cucharaditas de bicarbonato sódico, activa con una cucharadita de vinagre y vuelca sobre la mezcla de las tortitas.
- Calienta una sartén y engrasa con un poco de aceite de oliva, echa una cucharada de la mezcla y da forma a la tortita. Cocina a fuego medio durante tres minutos y dale la vuelta.
- Cocina otros tres minutos y retira en un plato mientras haces el resto de las tortitas.
- Con esta receta obtienes unas seis tortitas. Una merienda o desayuno perfecto super saludable. Decora con tu *topping* favorito, en mi caso un *coulis* de arándanos, y disfruta.

Receta sin lactosa.

Mini tartas *HEALTHY* de CHOCOLATE

INGREDIENTES

- 60 g de harina de almendras
- 30 g de cacao en polvo
- 125 g de chocolate negro (80% cacao)
- 50 ml de aceite de coco
- 3 huevos
- 125 g de azúcar de coco
- 1 pizca de sal
- 1 cucharadita de bicarbonato sódico
- Mermelada sin azúcar para decorar

PREPARACIÓN

- Derrite el chocolate al baño María junto a la manteca de coco a temperatura suave.
- Bate de manera enérgica los huevos junto al azúcar de coco en un bol y una vez que el chocolate esté derretido, añade al bol de los huevos con el azúcar de coco.
- Incorpora el cacao en polvo al bol y mezcla con una espátula realizando movimientos envolventes.
- Añade la harina de almendras y la cucharadita de sal y mezcla despacito.
- Por último, incluye el bicarbonato sódico.
- Engrasa los remequines o moldes que vayas a utilizar y rellena con esta masa hasta cubrir las ¾ partes del molde.
- Hornea a 180° durante veinticinco minutos o hasta que al pinchar con un palillo este salga limpio.
- Deja enfriar y decora con un poquito de mermelada, por ejemplo, unas fresas o un poquito de tu crema preferida.

*Receta sin lactosa.

GALLETAS PALEO

INGREDIENTES

- 60 g de azúcar de coco
- 115 g de chocolate derretido
- 50 g de harina de almendra
- 25 g de cacao en polvo
- 120 g de tahini
- 1 huevo L

- 1 cucharadita de vainilla
- ½ cucharadita de bicarbonato sódico
- Sal
- 60 g de *chips* de chocolate para espolvorear

PREPARACIÓN

- Pon en el bol el azúcar, el huevo, el tahini y el chocolate derretido. Bate hasta formar una masa homogénea.
- Añade el resto de ingredientes menos los *chips* de chocolate que serán lo último de todo.
- Haz ocho bolas, decora con *chips* de chocolate y déjalas en la nevera un par de horas (así mantienen más su forma).
- Hornéalas durante 10-12 minutos a 180°.
- Pasado ese tiempo, sácalas de horno y déjalas templar hasta que se enfríen.

Receta sin lactosa.

81

CARROT CAKE

- 85 g de harina de almendras
- 70 g de harina de arroz integral
- 70 g de azúcar de coco
- 30 g de pasta de dátiles
- 1 cucharadita de canela sin gluten
- ½ cucharadita de nuez moscada sin gluten
- 150 g de zanahoria rallada
- 180 ml de leche de coco
- 40 g de nueces troceadas
- 3 huevos M
- 1 cucharadita de bicarbonato sódico
- 1 cucharadita de vinagre de manzana

PREPARACIÓN

- Bate los huevos con el azúcar de coco hasta que la mezcla se airee.
- Añade 30 g de pasta de dátiles e integra.
- Incluye la zanahoria rayada, la leche de coco y las nueces troceadas, y remueve bien antes de incluir los ingredientes secos.
- Introduce en el bol la harina de almendras, la harina de arroz integral y las especias. Remueve con una espátula.
- Por último, echa en un vasito pequeño el vinagre y el bicarbonato sódico y cuando burbujee añade al bol.
- Una vez la masa esté lista vierte en el molde y hornea a 180° unos treinta minutos. Recuerda pinchar con un palillo antes de sacar el bizcocho del horno para asegurarte que está hecho.
- Ver receta de la crema saludable para tartas y cómo hacer pasta de dátiles en página 87.

SACHER
sin AZÚCAR

INGREDIENTES

- 90 g de harina de arroz
- 100 g de harina de almendra
- 100 g de mantequilla (puede ser sin lactosa)
- 6 huevos L
- 200 g de azúcar

- 10 g de bicarbonato
- 1 cucharada de vinagre de manzana o blanco
- 65 g de cacao en polvo
- ¼ cucharadita de xantana

PREPARACIÓN

- Monta las clara con una pizca de sal a punto de nieve. Reserva.
- Monta las yemas con la mitad de cantidad de azúcar y reserva.
- Mezcla la mantequilla con el resto del azúcar hasta formar una crema. Añade las yemas montadas y bate otros cinco minutos más.
- Echa la harina de almendras y el cacao en polvo tamizados. Integra con movimientos envolventes con una espátula.
- Incorpora las claras en 2-3 veces con la espátula y el mismo movimiento lento y envolvente.
- Añade la harina de arroz y ¼ cucharadita de xantana.
- Remueve hasta integrar y, por último, vierte el bicarbonato sódico sobre el vinagre y cuando espume echa sobre el resto de la masa.
- Mezcla junto al resto de ingredientes y vuelca sobre el molde.
- Hornea a 180° hasta que al pinchar con un palillo este salga limpio. Esto dependerá del molde: 55 minutos si el molde es de 15 cm de diámetro. Para asegurarte pincha con un palillo el bizcocho antes de sacarlo. Si este sale limpio, la masa está hecha.
- Deja enfriar y, una vez frío, rellena con mermelada de fresa, frambuesa, melocotón... Y cubre con una *ganache* de chocolate.

continúa...

SACHER sin AZÚCAR

continuación

INGREDIENTES PARA EL *GANACHE* DE CHOCOLATE

- 200 g de chocolate negro
- 50 g de mantequilla (sin lactosa o margarina)
- 200 g de nata (sin lactosa o vegetal si tienes intolerancia)

PREPARACIÓN

- Pon en un bol el chocolate troceado con la mantequilla.
- Calienta al fuego la nata y cuando esté a punto de hervir vierte sobre el bol del chocolate y mantequilla. Deja reposar medio minuto y remueve para disolver bien todos los ingredientes.
- Cubre con esta *ganache* una primera capa por todo el bizcocho para alisar las superficies y así luego cuando hagas el baño, que quede un resultado más liso y profesional.
- Y alisa la superficie con una espátula. Decora y sirve.

*Para hacer la receta sin lactosa sustituye la mantequilla del bizcocho por margarina o mantequilla sin lactosa y la nata y mantequilla de la cobertura por su versión sin lactosa. Además de asegurarte de que el chocolate negro es apto.

CREMA SALUDABLE para tus TARTAS *HEALTHIES*

INGREDIENTES

- 200 g de anacardos
- 125 ml de nata fresca (yogur de coco si tienes intolerancia a la lactosa o PLV)
- 2 cucharadas de sirope de agave
- ¼ cucharadita de canela

- ½ cucharadita de vainilla en pasta o el interior de una vaina de vainilla
- 60 g de manteca de coco
- Ralladura de limón
- 1 cucharadita de vinagre de manzana

PREPARACIÓN

- La noche de antes deja los anacardos en remojo y al día siguiente quítales el agua y déjalos escurriendo para que se vaya todo el exceso de agua.
- Una vez escurridos los anacardos pon todos los ingredientes en el vaso de la batidora/picadora: los anacardos, la nata fresca o yogur, la manteca de coco derretida, el endulzante, la canela, vainilla, la ralladura de medio limón y el vinagre de manzana. Tritura hasta obtener una crema lo más fina posible.
- Cubre o rellena el postre. ¡Te sorprenderá!

*Receta sin lactosa

PASTA de DÁTILES

INGREDIENTES

- 400 ml de agua de calidad
- 200 g de dátiles

PREPARACIÓN

- Cortamos los dátiles por la mitad y les quitamos el hueso.
- Llevar el agua a ebullición en un cazo. Una vez que hierva, apagar el fuego y echar los dátiles. Dejamos reposar treinta minutos.
- Los introducimos en el vaso de la batidora junto a la mitad de agua y trituramos. Podemos ir añadiendo el agua que queramos hasta conseguir la textura deseada.
- Lo guardamos en un bote de cristal y lo almacenamos en la nevera. Aguanta perfectamente dos semanas.

*Receta sin lactosa.

Pequeños placeres

TIRAMISÚ

- 3 yemas de huevo
- 2 claras de huevo
- 3 cucharadas de azúcar
- 250 g de queso mascarpone
- 1 taza de café expreso
- Bizcochos de soletilla sin gluten (ver receta en pág. 42)
- 2 cucharadas de brandy
- Cacao en polvo desgrasado

PREPARACIÓN

- Separa las claras de las yemas y monta las claras con una pizca de sal a punto de nieve firme.
- En otro bol monta las yemas con el azúcar y añade el queso mascarpone. Remueve con la ayuda de unas varillas hasta obtener una crema densa y sin grumos.
- Añade las claras montadas y una cucharada de brandy. Reserva.
- Vierte la taza de café en un bol y añade la otra cucharada de brandy. Con esta mezcla irás bañando cada bizcocho de soletilla.
- En una fuente de 20 x 25 cm aproximadamente, prepara una base de bizcochos de soletilla remojados en café (no en exceso). Puedes ayudarte de una brocha de silicona y remojarlos una vez colocados o bañarlos ligeramente en el bol del café antes de colocarlos.
- Una vez la base esté cubierta vierte la mitad de la crema de queso mascarpone reservada y alisa la superficie con una espátula.
- Espolvorea cacao en polvo con un tamizador y repite el proceso: capa de bizcochos de soletillas remojados con café, crema de queso y cacao en polvo espolvoreado con la ayuda de un tamizador.
- Refrigera en la nevera hasta el día siguiente. Vas a triunfar con esta receta. ¡Te lo aseguro!

CHOCOLATE ROLL

INGREDIENTES PARA EL BIZCOCHO

- 25 g de cacao en polvo
- 60 g de harina sin gluten (30 g de harina de arroz +15 g de almidón de maíz +15 g de fécula de patata)
- 100 g de azúcar
- 4 yemas de huevo
- 4 claras de huevo
- 1 pizca de sal

INGREDIENTES PARA EL RELLENO

- 100 g de nata para montar (con un 35% de materia grasa)
- 100 g de queso crema
- 2 cucharadas de azúcar glas sin gluten
- Mermelada de frambuesa

INGREDIENTES PARA LA COBERTURA

- 250 g de chocolate negro
- 100 ml de nata (con un 35% de materia grasa)
- 30 g de mantequilla

PREPARACIÓN DEL BIZCOCHO

- Separa las claras de las yemas y monta las claras a punto de nieve junto a una pizca de sal. Reserva.
- Monta las yemas con el azúcar hasta que se forme una crema más blanquecina y que haya doblado su volumen.
- Añade la harina y el cacao tamizado a las yemas montadas e integra con la ayuda de una espátula realizando movimientos envolventes.
- Incorpora las claras montadas de la misma manera.
- Reparte la masa sobre una bandeja de horno cubierta con papel sulfurado (papel de horno) y hornea durante cuatro minutos a 210°.
- Saca y deja enfriar sobre una rejilla.

continúa...

CHOCOLATE ROLL

continuación

PREPARACIÓN DEL RELLENO

- Mezcla la nata y el queso y monta con unas varillas eléctricas.
- Cuando ya esté casi montada la crema añade el azúcar glas.
- Para el montaje de los *chocolate rolls*: corta el bizcocho en pequeños rectángulos. Unta con mermelada de frambuesa (o la del sabor que más te guste) y añade crema. Enrolla el rectángulo sobre sí mismo presionando ligeramente y déjalo sobre la rejilla para bañarlo de chocolate.

PREPARACIÓN DE LA COBERTURA

- Echa en un cazo el chocolate, la nata y la mantequilla y funde a temperatura media-suave. Cuando la mezcla esté lista baña cada rollito y deja que se solidifique el chocolate antes de consumirlo. ¡Una merienda con la que sorprender a los más pequeños!

*Para conseguir una receta sin lactosa puedes modificar el relleno utilizando 200 g de nata con un 35% de materia grasa sin lactosa o vegetal y utilizar en la cobertura la nata, el chocolate y la mantequilla en su versión sin lactosa, o nata vegetal o margarina.

ROLLOS de CANELA

INGREDIENTES

- 55 g de fécula de patata
- 500 g de almidón de maíz
- 17 g de psyllium (en polvo)
- 20 g de goma xantana
- 100 g de azúcar
- 3 huevos M
- 125 g de mantequilla

- 325 ml de leche semidesnatada
- 10 g de levadura en polvo (impulsor químico)
- 1 cucharadita de sal
- 8 g de levadura seca de panadería
- 2 cucharaditas de vainilla en pasta sin gluten

INGREDIENTES PARA EL RELLENO

- 60 g de mantequilla en punto pomada
- 50 g de panela o azúcar moreno

- 2 cucharaditas de canela

PREPARACIÓN

- Pon en un bol, el almidón de maíz, la fécula de patata, el impulsor químico (levadura en polvo), la goma xantana, el psyllium y la sal. Reserva.
- Calienta la leche en el microondas ligeramente, a unos 35°, y vierte sobre ella la levadura seca de panadería, y disuélvela con unas varillas.
- Agrega la leche al bol de la batidora y ve añadiendo los ingredientes de uno en uno: el azúcar, los huevos, el aromatizante y la mezcla de los ingredientes secos.
- Amasa durante un par de minutos y agrega la mantequilla en punto pomada.
- Amasa diez minutos más y una vez pasado el tiempo saca la masa a la mesa de la cocina, engrasa con aceite (para evitar que se pegue) y divídela en dos.
- Pon un papel de horno en la encimera y apoya la masa en él. Engrasa tu rodillo y trabaja la masa dándole forma de un rectángulo y un grosor de aproximadamente un dedo.
- Haz una mezcla con la mantequilla en punto pomada, panela y canela al gusto, y distribuye por toda la masa.

continúa...

ROLLOS de CANELA

continuación

- Una vez bien repartida haz un rollo, envolviendo la masa sobre sí misma. Puedes ayudarte del papel que has puesto en la base y corta porciones de un dedo de grosor.
- Deja estas porciones que leven hasta que doblen su volumen sobre una bandeja de horno en un entorno donde no haya corrientes. Y mientras, procede a hacer lo mismo con la otra mitad de masa.
- ¿Un consejo? Para ayudar al levado yo suelo poner la bandeja dentro del horno (apagado, claro) con un bol de agua caliente en la base. Esto me ayuda a crear un entorno adecuado para que la masa leve mejor.
- Cuando ya haya doblado su volumen, calienta el horno a 180° y cuando alcance la temperatura pinta los rollitos con un poco de leche e introduce la bandeja a media altura y hornea diez minutos o hasta que adquieran un tono doradito.
- ¿Un truco? Cuando pongas a calentar el horno, pon también un asador vacío dentro en la base y cuando vayas a introducir la bandeja de los rollitos añade también un vaso de agua en el asador que hemos puesto antes. Esto formará vapor y ayudará a que estos bollitos se hagan mejor.
- Pasado el tiempo deja enfriar sobre una rejilla y termina de decorar con un glaseado.

INGREDIENTES PARA EL GLASEADO

- 60 g de azúcar glas sin gluten
- 60 g de queso crema
- 1 chorrito de agua caliente

PREPARACIÓN DEL GLASEADO

- Mezcla el queso crema y el azúcar glas tamizado hasta formar una crema sin grumos, y añade un poquito de agua hasta adquirir la consistencia adecuada.
- Añade a cucharaditas porque no es necesaria mucha, con una o dos cucharaditas verás que la consistencia es ya perfecta.

TARTA OREO

INGREDIENTES PARA LA BASE

- 160 g de galletas de chocolate rellenas de crema de queso sin gluten
- 50 g de mantequilla

INGREDIENTES PARA EL RELLENO

- 600 ml de nata (con un 35% de materia grasa)
- 250 g de queso crema
- 250 g de chocolate blanco
- 125 g de azúcar
- 100 ml de leche

- Gelatina
- 80 g de galletas «Oreo» sin gluten
- 1 cucharadita de vainilla en pasta sin gluten
- *Chantilly* de chocolate blanco para decorar (ver receta en pág. 119)

PREPARACIÓN DE LA BASE

- Tritura las galletas para la base con una picadora o procesador de alimentos y derrite la mantequilla a baja potencia en el microondas.
- Echa la mantequilla sobre las galletas trituradas y mezcla bien. Dispón esta mezcla sobre la base de nuestro molde y refrigera.

PREPARACIÓN DEL RELLENO

- Echa el queso crema, la nata, el azúcar y la vainilla en un vaso y bate. Cuando tengas una consistencia libre de grumos añade el huevo. Integra.
- Trocea las galletas de Oreo sin gluten en trocitos pequeños y echa sobre la mezcla.
- Rellena los moldes con la base de galleta refrigerada y hornea a 160° hasta que cuajen (unos 10-15 minutos) o según el molde que utilices, hasta que veas que está cuajada.
- Deja enfriar a temperatura ambiente y decora al gusto: *ganache* de chocolate blanco o negro, mermelada, nata montada, crema… Yo las he decorado con una crema *chantilly* de chocolate blanco (ver receta en la página 119).

PUDIN

INGREDIENTES

- 250 g de *brioche* sin gluten (o bizcocho sin gluten)
- 4 huevos
- 400 ml de leche

- 100 g de azúcar
- Ralladura de un limón
- 1 cucharadita de vainilla en pasta sin gluten
- Caramelo para el molde

PREPARACIÓN

- Pon al fuego la leche hasta que empiece a hervir junto el azúcar, la cucharadita de vainilla y la ralladura del limón (para que se aromatice y el azúcar se disuelva).
- Casca los huevos en un bol, bate y añade los *brioches* sin gluten desmenuzados.
- Incorpora la mezcla de leche y reserva.
- Haz caramelo y vierte sobre el molde. Añade el resto de la masa y lleva al horno al baño María a 160° hasta que cuaje.
- Deja templar antes de desmoldar sobre una bandeja.

*Puedes utilizar leche vegetal o sin lactosa.
*Esta receta es ideal para aprovechar los restos de bizcochos o magdalenas que se han quedado secos.

CHISPAS
de CHOCOLATE

INGREDIENTES

- 400 g de almidón de maíz
- 45 g de fécula de patata
- 14 g de psyllium (en polvo)
- 17 g de xantana
- 10 g de impulsor (levadura química)
- 60 g de azúcar
- 2 huevos
- 10 g de azúcar invertido

- 1 cucharadita de vainilla en pasta sin gluten
- 100 g de mantequilla en punto pomada
- 120 g de *chips* de chocolate
- ½ cucharadita de sal
- 20 g de levadura fresca de panadería (o 7 g de levadura seca de panadería)
- 300 ml de leche semidesnatada

PREPARACIÓN

- Pon en un bol el almidón de maíz y la fécula de patata tamizada. Añade la sal, el impulsor químico, la xantana y el psyllium.
- En otro bol pon la leche tibia (no debe superar los 35°) y añade la levadura fresca de panadería, o seca si ha sido tu elección.
- Ayuda a disolverla con unas varillas y ve añadiendo el azúcar, el azúcar invertido, la vainilla en pasta sin gluten y los huevos. Añade este bol al de las harinas y amasa.
- Cuando los ingredientes estén integrados añade la mantequilla en pequeñas porciones y amasa durante 10-15 minutos (si tienes una amasadora te facilitará el trabajo).
- Pasado el tiempo añade los *chips* de chocolate e integra.
- Engrasa la superficie de trabajo y ligeramente las manos y ve haciendo porciones de 75-80 g. Dispón sobre una bandeja de horno con papel en su base y deja levar hasta que doble su volumen.
- Cuando doble su volumen calienta el horno a 180°, pincela con huevo batido cada bollito y hornea 10-15 minutos hasta que se doren.
- Deja enfriar antes de consumir (si puedes) y guarda el resto en un recipiente hermético (te aguantarán bien un par de días).

Profiteroles

INGREDIENTES

- 125 g de harina sin gluten (65 g de harina de arroz + 35 g de almidón de maíz + 15 g de almidón de tapioca + 10 g de fécula de patata)
- 3 huevos L
- 125 ml de agua mineral

- 125 ml de leche
- 95 g de mantequilla
- ¼ cucharadita de sal (la punta de una cucharita de café)
- 1 cucharada de azúcar

PREPARACIÓN

- Pon en un cazo al fuego el agua con la leche a temperatura media.
- Pesa la mantequilla y echa al cazo junto con la leche y el agua.
- Lleva a ebullición.
- Agrega la mezcla de harinas de un golpe y mezcla hasta obtener una pasta homogénea. Deja templar unos treinta minutos.
- Una vez que la pasta esté templada, añade los huevos de uno en uno hasta que se integren por completo.
- Truco: repasa con una batidora de mano para obtener una pasta más lisa y suave.
- Calienta el horno a 210° y prepara dos bandejas de horno con papel sulfurado.
- Escudilla la masa según la forma que vayas a hacer.
- Introduce en el horno y a los diez minutos baja la temperatura a 180°. Deja que se terminen de dorar (más o menos el tiempo de horno son quince minutos en total).
- Saca del horno y deja enfriar sobre una rejilla mientras preparas las cremas para rellenar y decorar.
- Rellena y decora al gusto.

Puedes realizar esta receta sin lactosa sustituyendo la leche por una sin lactosa o vegetal y la mantequilla por margarina.

BOLAS de AZÚCAR

INGREDIENTES

- 120 g de harina sin gluten (he utilizado 100 g de harina de arroz + 20 g de almidón de maíz)
- 40 g de azúcar
- 1 cucharadita de levadura química
- ½ cucharadita de bicarbonato sódico
- 20 ml de aceite de girasol
- 1 huevo M
- 1 cucharadita de vainilla en pasta sin gluten
- 90 ml de leche semidesnatada
- Mantequilla, azúcar y canela para decorar

PREPARACIÓN

- Mezcla los ingredientes secos en un bol: las harinas, la levadura, el bicarbonato y el azúcar.
- Añade el resto: el aceite, los huevos, la vainilla y la leche. Mezcla hasta conseguir una crema homogénea y una vez la tengas lista, rellena con esta mezcla el molde (he utilizado una bandeja para minimagdalenas que previamente he engrasado para ayudar a su desmoldado).
- Rellena las ¾ partes de su capacidad y hornea a 180° durante diez minutos aproximadamente (no te olvides de pinchar con un palillo para comprobar que están hechas).
- Deja templar cinco minutos y desmolda.
- Derrite en el microondas 20 g de mantequilla y pincela cada bola.
- Rebózalas con azúcar y un poco de canela y, una vez frías, rellénalas de tu crema favorita: chocolate, dulce de leche, nata... ¡Una tentación!

Puedes adaptar esta receta sin lactosa sustituyendo la leche por una sin lactosa o vegetal y utilizando el interior de una vaina de vainilla como aromatizante o media cucharadita de canela sin gluten.

MERENGUITOS

INGREDIENTES

- 200 g de clara de huevo
- Una pizca de sal
- 200 g de azúcar

- 200 g de azúcar glas sin gluten
- Colorante alimentario sin gluten
- 1 cucharadita de vainilla sin gluten

PREPARACIÓN

- Pon el horno a precalentar a 80° y prepara dos bandejas con papel de horno.
- Separa las claras de las yemas y vierte las claras con la sal en el bol de la batidora eléctrica y bate a velocidad alta. Asegúrate de que el bol de la batidora no contiene grasa y que las claras no están manchadas por la yema, de lo contrario no se montarán las claras.
- A medida que las claras comiencen a espesarse agrega el azúcar poco a poco. Cuando esté bien integrado y el merengue casi listo, incluye el azúcar glas lentamente y el extracto de vainilla sin gluten.
- El merengue estará listo cuando esté blanco, brillante y de consistencia firme.
- Separa en 4-5 boles pequeños dependiendo de los diferentes colores que vayas a hacer. Pon una gota de colorante sin gluten y mezcla con ayuda de una cucharadita.
- Una vez tengas los colores hechos, ponlos en mangas pasteleras con una boquilla de estrella y realiza pequeños rosetones con los diferentes colores.
- Introduce las bandejas ya preparadas con los merengues sin gluten en el horno precalentado y deja que se sequen durante dos horas a 80°.
- Apaga el horno y deja reposar otras seis horas más.
- Una vez pasado el tiempo saca las bandejas y ve despegando los merenguitos con la ayuda de una espátula. Si están bien secos saldrán perfectamente. Además, si los guardas en una caja de metal te aguantarán tres meses estupendamente.

Receta sin lactosa si utilizas un colorante y aromatizante apto.

HELADO
de CHOCOLATE

INGREDIENTES

- 300 ml de leche entera
- 200 g de nata (con un 35% de materia grasa)
- 90 g de azúcar
- 30 g de cacao en polvo desgrasado sin azúcares añadidos
- 70 g de chocolate para postres
- 1 pizca de sal
- 1 cucharadita de vainilla en pasta
- 2 yemas de huevo
- Lacasitos ¡todos los que quieras!

PREPARACIÓN

- En un cazo calienta la leche junto a la nata y el azúcar a temperatura media; cuando esté caliente echa el cacao en polvo, remueve hasta que se disuelva y añade el chocolate troceado, la pizca de sal y la vainilla. Mezcla hasta que se disuelva completamente.
- Añade las dos yemas y remueve constantemente unos cinco minutos a fuego suave sin que la mezcla llegue a hervir.
- Deja enfriar la mezcla por completo y déjala reposar en la nevera toda la noche. Así ganará en sabor.
- Al día siguiente, si tienes heladera procede a mantecarlo según las instrucciones. En menos de media hora obtendrás un helado super cremoso que deberás guardar en un recipiente con cierre hermético. Vierte la mitad de la mezcla, espolvorea con Lacasitos troceados, echa el resto de mezcla, alisa la superficie y cubre con más Lacasitos troceados.
- Si no tienes heladera vierte la mezcla en un bol de acero y métela en el congelador. Remueve cada hora el helado para evitar su cristalización y decora la superficie con Lacasitos.

Mini *CHEESCAKES* de CHOCOLATE

INGREDIENTES DE LA BASE

- 120 g de galletas sin gluten
- 50 g de mantequilla derretida

INGREDIENTES DEL RELLENO

- 250 g de queso crema
- 175 g de chocolate negro
- 100 ml de leche condensada
- 2 huevos

PREPARACIÓN DE LA BASE

- Tritura las galletas con un procesador de alimentos y mezcla con la mantequilla derretida.
- Pon en la base del molde y presiona para compactar.

PREPARACIÓN DEL RELLENO

- Derrite el chocolate a baja potencia en el microondas a intervalos cortos para que no se queme. Deja templar.
- En un bol pon el queso crema junto a la leche condensada, el chocolate derretido y mezcla hasta conseguir una crema homogénea.
- Añade los dos huevos y bate hasta integrar.
- Rellena los moldes y hornea a 160° durante treinta minutos. Pasado el tiempo saca del horno y dejar enfriar sobre una rejilla.
- Decora con dulce de leche y una crema *chantilly* de dulce de leche (ver receta en la página 119).
- Guarda en la nevera hasta el momento de servir.
- Como molde he utilizado la bandeja de *cupcakes* cubierta con unas cápsulas de papel que he retirado antes de decorar una vez estaba el postre frío.

Helado de MANGO y CHOCOLATE BLANCO

INGREDIENTES

para 6-8 helados, según el molde

- 250 g de mango maduro
- 100 ml de leche condensada
- 150 g de yogur

- 1 cucharadita de jugo de limón
- 300 g de chocolate blanco para postres

PREPARACIÓN

- Pon el yogur y la leche condensada en un bol. Mezcla bien.
- Añade el mango cortado a trozos y la cucharadita de limón.
- Tritura todo con una batidora y rellena los moldes de helado. Deja 24 horas hasta hacer la cobertura.
- Para hacer la cobertura derrite chocolate blanco al microondas en intervalos cortos (para que no se te queme). Pon el chocolate blanco en un vaso hondo y baña cada helado.
- Deja cuajar en el congelador y ¡disfruta de un helado delicioso!
- Nota: ¿Sin lactosa? Utiliza yogur sin lactosa y en vez de leche condensada utiliza nata sin lactosa o vegetal con dos cucharadas de azúcar. Calienta la nata, disuelve el azúcar y deja templar antes de incluirlo a la mezcla con el yogur. Para hacer la cobertura utiliza un chocolate apto.

*¿Helado de cerezas? ¡Cambia el mango por cerezas
y disfruta de un helado diferente de la manera más fácil!*

Mousse
de FRUTOS ROJOS

INGREDIENTES 1ª CAPA

- 200 g de nata para montar (con un 35% de materia grasa)
- 150 g de coulis de frutos rojos
- 2 cucharadas de leche
- 2 hojas de gelatina

INGREDIENTES 2ª CAPA

- 200 g de nata para montar
- 2 cucharadas de leche
- 2 hojas de gelatina
- 30 g de azúcar glas sin gluten
- 75 g de coulis

INGREDIENTES 3ª CAPA

- 200 g de nata (con un 35% de materia grasa)
- 2 cucharadas de leche
- 2 hojas de gelatina
- 70 g de azúcar glas
- 1 cucharadita de vainilla sin gluten.

PREPARACIÓN 1ª CAPA

- Pon en un bol de agua fría las hojas de gelatina y reserva en la nevera.
- Monta 200 g de nata y cuando ya esté casi montada añade los 150 g de coulis de frutos rojos (ver receta en la página 119), que estará ya a temperatura ambiente).
- Calienta en el microondas un vaso con dos cucharadas de leche y añade las hojas de gelatina previamente escurridas. Se disolverán fácilmente. Añade este contenido al bol con la nata montada y remueve un poquito más (no te excedas en el montado o la nata se podría cortar).
- Rellena una manga pastelera con la mezcla y reparte en ocho vasitos cubriendo la base. Deja reposar en el congelador mientras preparas la segunda capa; de esta manera se solidificará la capa y quedarán bien diferenciadas.

continúa...

MOUSSE de FRUTOS ROJOS

continuación

PREPARACIÓN 2ª CAPA

- Pon en un bol de agua fría las hojas de gelatina y reserva en la nevera.
- Monta 200 g de nata y cuando ya esté casi montada añade los 30 g de azúcar glas tamizados y 75 g de *coulis* de frutos rojos (ver receta en la página siguiente).
- Calienta en el microondas un vaso con dos cucharadas de leche y añade las hojas de gelatina previamente escurridas. Añade este contenido al bol con la nata montada y remueve un poquito más.
- Rellena una manga pastelera con la mezcla y reparte en los ocho vasitos sobre la primera capa. Vuelve a dejar los vasitos en el congelador mientras preparas la última capa.

PREPARACIÓN 3ª CAPA

- Pon en un bol de agua fría las hojas de gelatina y reserva en la nevera.
- Monta 200 g de nata y cuando ya esté casi montada añade los 70 g de azúcar glas tamizados y la cucharadita de vainilla en pasta sin gluten.
- Calienta en el microondas un vaso con dos cucharadas de leche y añade las hojas de gelatina previamente escurridas. Remueve hasta terminar de montar y rellena una manga pastelera con la mezcla.
- Reparte en los ocho vasitos hasta cubrir y déjalos en la nevera hasta el momento de consumirlos.
- Decora con frutos rojos y presume de postre: es un bocado muy suave, delicado y estéticamente inmejorable.

Chantilly de DULCE de LECHE

INGREDIENTES

• 200 g de nata (con un 35% de materia grasa) / • 3-4 cucharadas de dulce de leche

PREPARACIÓN

• Para hacer la crema *chantilly* de dulce de leche he montado 200 ml de nata con un 35% de materia grasa y añadido cuando ya está casi montada tres cucharadas de dulce de leche, he terminado de batir hasta integrar y ¡listo!

Chantilly de CHOCOLATE BLANCO

INGREDIENTES

• 300 g de nata / • 200 g de chocolate blanco

PREPARACIÓN

• Derrite el chocolate blanco en el microondas a baja potencia y en intervalos cortos de tiempo. Pon la nata fría en un bol y monta con la ayuda de unas varillas eléctricas y cuando ya esté casi casi montada añade el chocolate blanco derretido.

Coulis de FRUTOS ROJOS

INGREDIENTES

• 100 g de arándanos / • 50 g de frambuesas / • 50 g de moras / • 100 g de azúcar

PREPARACIÓN

• Pon en un cazo a fuego medio los frutos rojos con el azúcar. Deja diez minutos que se deshaga bien el azúcar y la fruta se reblandezca. Pasado el tiempo, tritura todo y reserva.

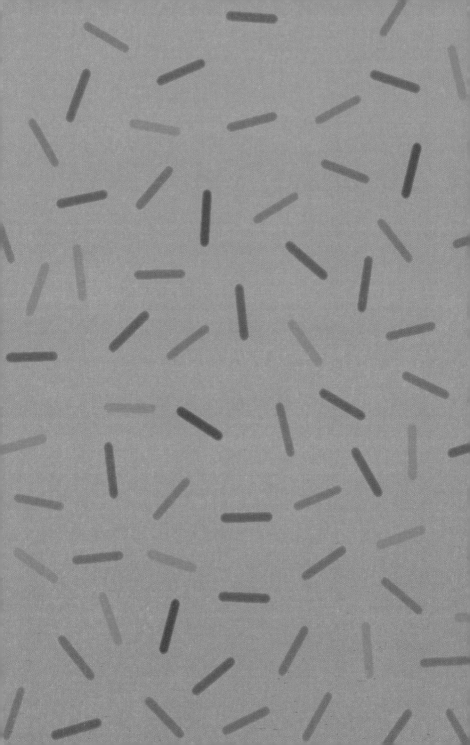

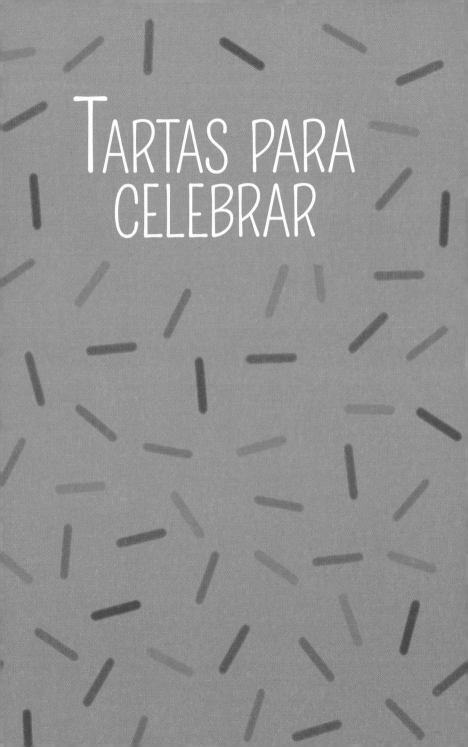

Tartas para celebrar

TARTA de FRESAS y NATA

INGREDIENTES PARA EL BIZCOCHO

- 150 g de harina sin gluten (he utilizado 100 g de harina de arroz + 25 g de almidón de tapioca + 25 g de fécula de patata)
- 150 ml de aceite de oliva suave
- 150 g de azúcar

- 3 huevos
- 1 cucharadita y media de levadura
- ½ cucharadita de xantana
- 1 cucharadita de vainilla en pasta

INGREDIENTES PARA EL ALMÍBAR

- 50 ml de agua
- 50 g de azúcar
- ½ cucharadita de vainilla

INGREDIENTES PARA EL RELLENO

- 200 ml de nata para montar con un 35% de materia grasa (puede ser nata vegetal o sin lactosa)
- 30 g de azúcar glas sin gluten
- Fresas cortadas en trocitos

PREPARACIÓN DEL BIZCOCHO

- Bate el aceite y el azúcar hasta que la mezcla se aclare. Añade los huevos y bate de nuevo.
- Incorpora la harina tamizada con la levadura, añade la xantana y la vainilla en pasta.
- Echa la masa en los dos moldes previamente engrasados y cubiertos de papel de horno.
- Hornea durante veinticinco minutos o hasta que al pinchar con un palillo este salga limpio.

continúa...

TARTA de FRESAS y NATA

continuación

PREPARACIÓN DEL ALMÍBAR

- Pon a hervir el agua con el azúcar en un cazo a fuego suave hasta que se disuelva el azúcar.
- Retira del fuego y añade la vainilla.
- Cuando saques los bizcochos del horno pinta con el almíbar y deja que se enfríen por completo sobre una rejilla.

PREPARACIÓN DEL RELLENO

- Vierte la nata fría en el bol de la batidora y bate hasta montar; cuando empiece a subir incorpora el azúcar glas tamizado. Recuerda no batir en exceso para evitar que se corte. Puedes utilizar nata sin lactosa o vegetal si hay intolerantes en casa.

MONTADO DE LA TARTA

- Pon sobre un plato uno de los bizcochos.
- Rellena con la nata montada y añade trocitos de fresas cortadas.
- Tapa con el otro bizcocho, espolvorea con azúcar glas y decora a tu gusto.

*Utiliza mantequilla sin lactosa o margarina y el interior
de una vaina de vainilla para hacer la receta sin lactosa.*

TARTA
de HIGOS

INGREDIENTES PARA LA BASE

- 160 g de galletas tipo María sin gluten
- 50 g de pistachos limpios
- 80 g de mantequilla (o margarina si tienes intolerancia a la lactosa)

INGREDIENTES PARA EL RELLENO

- 2 huevos (65 g en total)
- 185 g de yogur natural
- 200 g de queso crema (sin lactosa si tienes intolerancia)
- Ralladura de un limón
- 80 g de azúcar
- 20 g de almidón de maíz

INGREDIENTES PARA DECORAR

- 6 higos
- Arándanos al gusto
- Pistachos al gusto
- Sirope de agave al gusto

PREPARACIÓN DE LA BASE

- Derrite la mantequilla en el microondas a temperatura no muy fuerte.
- Tritura las galletas y los pistachos.
- Echa la mantequilla sobre el bol de las galletas trituradas y mezcla bien hasta conseguir una textura de arena mojada.
- Engrasa el molde de la tarta y vierte la mezcla de las galletas, distribuye por toda la superficie y presiona para que se compacte. Guarda en la nevera mientras hacemos el relleno.

continúa...

TARTA de HIGOS

PREPARACIÓN DEL RELLENO

- Casca los huevos, bátelos y pesa 65 g de huevo en un bol.
- Incorpora al bol el yogur, el queso crema, la ralladura de limón, el azúcar y el almidón de maíz.
- Bate todo hasta obtener una masa homogénea.
- Una vez tengas el relleno listo, saca el molde de la nevera y cubre con el relleno de la tarta.
- Precalienta el horno a 175° y hornea la tarta durante veinticinco minutos.
- Deja enfriar y decora.

DECORACIÓN

- Corta los higos en láminas finas y dispón por toda la superficie de la tarta.
- Espolvorea unos arándanos o moras por encima.
- Pica unos pistachos y echa sobre la tarta.
- Termina añadiendo sirope de agave por encima para darle brillo y dulzor a los higos. ¡Lista!

*Sustituye la mantequilla por mantequilla sin lactosa o margarina, el queso crema por su versión sin lactosa, el aromatizante y yogur por uno apto y las galletas por unas sin lactosa para conseguir de esta receta su versión sin lactosa.

GALETTE de MANZANA

INGREDIENTES

- 120 g de harina sin gluten (yo he utilizado 60 g de harina de arroz + 30 g de fécula de patata + 30 g de almidón de tapioca)
- 80 g de mantequilla fría en cuadraditos
- 50 ml de agua fría
- 1 cucharadita de goma xantana

INGREDIENTES PARA EL RELLENO

- 2 manzanas tipo Granny Smith
- 4+2 cucharadas de azúcar de caña
- Zumo de ½ limón exprimido
- 1 cucharadita de canela

PREPARACIÓN

- Primero hay que hacer la masa de la base la tarta. Para ello pon en un bol la harina sin gluten y la cucharadita de xantana.
- Remueve y añade la mantequilla fría cortada en daditos muy pequeños.
- Amasa con la mano hasta conseguir una masa granulada y vierte poco a poco el agua sin dejar de trabajar con las manos.
- Una vez la masa esté lista y homogénea, termina de trabajar en la mesa (engrasa con un poco de aceite si es necesario) y una vez lista déjala reposar en la nevera media hora en forma de bola.
- Mientras la masa reposa ve haciendo el relleno: corta dos manzanas y rodajas muy finas, y baña con el zumo de ½ limón para evitar que se oxiden.
- Añade al bol con las manzanas cuatro cucharadas de azúcar de caña y una cucharada de almidón de maíz. Remueve para integrar bien todos los ingredientes del bol y, por último, añade una cucharadita de canela para aromatizar. Reserva.
- Saca la masa de la nevera y extiéndela muy fina con un rodillo sobre dos papeles de horno. Dale forma circular y rellena con las manzanas reservadas. Dobla los bordes hacia el interior y vierte sobre ella dos cucharadas de azúcar.
- Hornea a 180° durante 40-45 minutos. El tiempo de horneado dependerá de cada horno. Estará lista cuando los bordes y la manzana comiencen a dorarse. Puedes servirla caliente junto a una bola de helado de vainilla.

Para una receta sin lactosa cambia la mantequilla por margarina para hacer la base, et voilà!

PASTEL MÁGICO

INGREDIENTES

- 225 g de harina sin gluten (80 g de harina de arroz + 65 g de harina de arroz integral + 55 g de fécula de patata + 25 g de almidón de maíz)
- 8 yemas
- 8 claras a punto de nieve
- 1 l de leche de almendras sin azúcar añadido
- 240 g de margarina sin gluten
- 280 g de azúcar
- Ralladura de dos limones pequeños

PREPARACIÓN

- Separa las claras de las yemas y monta las claras a punto de nieve. Reserva.
- Bate las yemas con el azúcar hasta que se vuelva una crema espumosa.
- Pon en el fuego la leche de almendras junto con la ralladura de limón y la margarina hasta que se derrita. Deja templar.
- Añade esta mezcla a las yemas montadas e integra bien.
- Incorpora la mezcla de harinas sin gluten.
- Agrega las claras montadas con movimientos envolventes.
- Introduce la mezcla en un molde rectangular grande (20 x 30 cm aprox.) previamente engrasado con margarina o cubierto con papel sulfurado (de horno).
- Hornea diez minutos a 180° y baja a 160° durante cincuenta minutos más.
- Deja enfriar dentro del molde.
- Una vez frío espolvorea con azúcar glas sin gluten y sirve.

Receta sin lactosa.

131

TARTA NUTELLA

- 120 g de harina sin gluten (he utilizado una mezcla con 35 g de harina de arroz integral + 45 g de harina de arroz + 20 g de almidón de tapioca + 20 g de fécula de patata)
- 200 g de azúcar
- 40 g de cacao en polvo 100%
- 1 cucharadita de bicarbonato sódico
- ½ cucharadita de sal
- 1 huevo L
- 110 ml de leche semidesnatada
- 1 cucharadita de zumo de limón
- 100 ml de aceite de girasol
- 1 cucharadita de vainilla en pasta o extracto de vainilla
- 110 ml de agua hirviendo

INGREDIENTES PARA LA COBERTURA Y DECORACIÓN

CREMA de NUTELLA

- 200 g de nata para montar
- 80 g de Nutella
- 1 cucharadita de cacao en polvo

PREPARACIÓN

- Precalienta el horno a 170°.
- Prepara el molde con mantequilla y harina y pon en la base un círculo de papel de horno.
- Pon en un vaso la leche junto a la cucharadita de zumo de limón y deja reposar diez minutos.
- Pon en un cazo agua a calentar.
- En el bol bate el aceite con el azúcar y añade el huevo. Mezcla.
- Añade la vainilla y la leche reservada.

continúa...

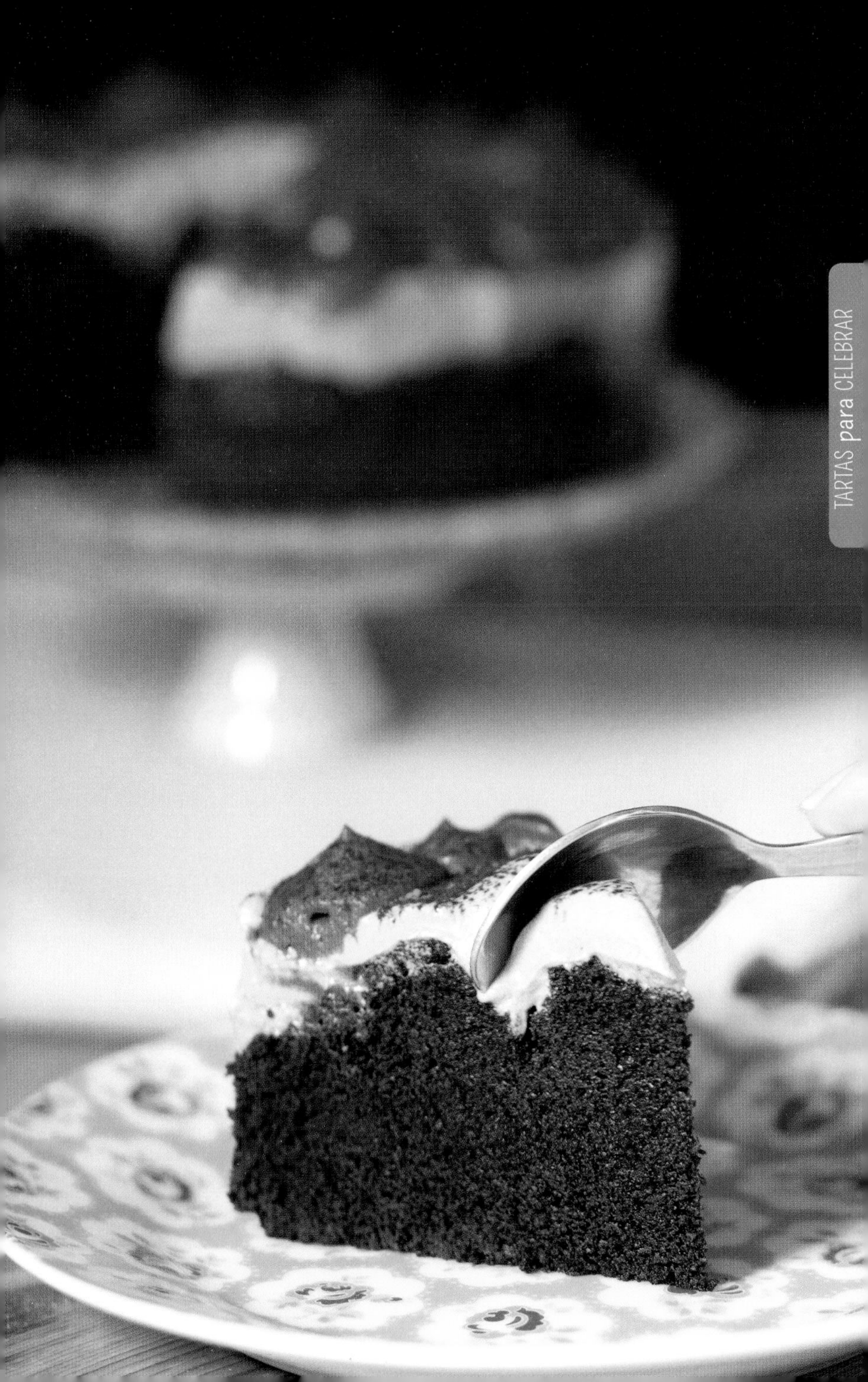

TARTA NUTELLA

continuación

- Incorpora los ingredientes secos: la harina, la sal, el cacao en polvo y el bicarbonato sódico.
- Mezcla hasta integrar.
- Por último, añade 110 g del agua hirviendo con cuidado de no quemarte y mezcla con una espátula.
- Vierte esta mezcla en el molde (yo he utilizado uno de 15 cm de diámetro) y hornea durante cuarenta minutos o hasta que al pinchar con un palillo este salga limpio).
- Dejar enfriar sobre una rejilla enfriadora.

PREPARACIÓN DEL RELLENO

- Monta la nata y a medio montar, añade la Nutella y termina de montar.
- Casi al terminar añade el cacao e integra.
- Guarda esta crema en la nevera hasta que decores la tarta.

MONTADO DE LA TARTA

- Alisa el bizcocho si es necesario y cubre con la crema de Nutella. Espolvorea cacao en polvo y ¡sirve!

TARTA
de CUMPLEAÑOS

Esta receta la puedes utilizar para hacer una tarta sencilla como la mía o una de tres pisos, solo multiplica las cantidades por dos ¡Y a celebrar!

INGREDIENTES PARA LA BASE

- 180 g de harina sin gluten (90 gramos de harina de arroz + 50 gramos de fécula de patata + 40 gramos de almidón de tapioca)
- 4 huevos
- 180 ml de aceite de oliva

- 200 g de azúcar
- 2 cucharadita de levadura en polvo
- 1 cucharadita de vainilla en pasta (o el aroma que quieras)
- 75 g de *chips* de chocolate

PREPARACIÓN

- Mezcla en un bol el aceite con el azúcar. Añade los huevos y bate fuerte durante cinco minutos para que la masa coja aire.
- Añade el aromatizante y por último la mezcla de harinas y la levadura en polvo. Mezcla con la espátula y rellena un molde previamente engrasado.
- Yo he utilizado un molde de 20 cm de diámetro.
- Hornea durante 35-40 minutos a 180° o hasta que al pinchar con un palillo este salga limpio.
- Deja reposar cinco minutos y desmolda.
- Enfría el bizcocho sobre una rejilla antes de decorarlo.

continúa...

TARTA de CUMPLEAÑOS

continuación

CREMA de CHOCOLATE BLANCO

INGREDIENTES

- 200 g de mantequilla en punto pomada
- 200 g de azúcar glas sin gluten (mejor si es *icing sugar*, un azúcar glas mucho más fino)
- 150 g de chocolate blanco derretido
- 1 cucharadita de vainilla en pasta sin gluten
- 200 g de queso crema

PREPARACIÓN

- Pon en un bol la mantequilla cortada en dados y el azúcar glas tamizado.
- Bate con unas varillas eléctricas hasta formar una crema.
- Añade el chocolate blanco y mezcla.
- Por último, incluye la cucharadita de vainilla en pasta y el queso crema y bate hasta integrar.
- Decora la tarta con esta crema y termina de decorar con unos *sprinkles* de colores sin gluten.

TARTA de CHOCOLATE y DULCE de LECHE

- 60 g de harina sin gluten (30 g de harina de arroz + 15 g de almidón de maíz + 15 g de fécula de patata)
- 100 g de azúcar
- 4 yemas de huevo
- 4 claras de huevo
- 25 g de cacao en polvo
- 1 pizca de sal

PREPARACIÓN

- Monta las claras con unas varillas eléctricas y la pizca de sal. Reserva.
- Monta las yemas con el azúcar. Bate durante al menos diez minutos para que cojan cuerpo y aire. Reserva.
- Añade la harina tamizada a las yemas e integra con una espátula realizando movimientos envolventes. Incorpora las claras montadas de igual manera.
- Añade el cacao en polvo tamizado e integra suavemente.
- Vierte la mezcla en una bandeja de horno preparada con papel sulfurado y alisa la superficie con una espátula realizando un rectángulo lo más igualado posible.
- Hornea cuatro minutos a 210° y deja enfriar sobre una rejilla.
- Una vez frío, corta tres círculos de 15 cm de diámetro y reserva.
- Para el relleno vamos a hacer una crema de merengue suizo. Una vez lo tengas listo divide la crema en dos y añade 10 g de cacao en polvo a una mitad. De esta manera conseguiremos dos cremas, una de vainilla y otra de cacao.

CREMA de MERENGUE SUIZO

INGREDIENTES

- 3 huevos M
- 300 g de mantequilla a temperatura ambiente
- 250 g de azúcar

continúa...

continuación

PREPARACIÓN DE LA CREMA DE MERENGUE SUIZO

- Pon en un cazo a fuego medio-suave las claras de los tres huevos junto a los 250 g de azúcar. Remueve constantemente hasta que el azúcar se diluya por completo (este proceso suele tardar unos diez minutos).
- Pon esta mezcla en una batidora eléctrica y monta con unas varillas.
- Cuando consigas un merengue firme añade la mantequilla en punto pomada y bate hasta obtener una crema lisa y sedosa.
- Puedes aromatizarla con una cucharadita de vainilla. ¡Una crema P E R F E C T A para decorar cualquier tarta!

MONTAJE DE LA TARTA

- Pon un bizcocho sobre la base, remoja con almíbar, cubre con una cucharada de dulce de leche y añade la crema de vainilla, alisa y reparte de manera homogénea.
- Repite el proceso utilizando la crema de cacao y tapa con la tercera capa de bizcocho.
- Nivela y deja reposar la tarta en la nevera hasta hacer el baño de chocolate.

PARA HACER EL BAÑO DE CHOCOLATE

- Pon en un cazo al baño María 50 g de mantequilla y 140 ml de leche junto a 280 g de chocolate para postres.
- Una vez disuelto, baña con esta mezcla la tarta repartiendo por toda la superficie y alisa trabajando con la espátula lo mínimo para que quede un buen acabado.
- Termina de decorar con dulce de leche (previamente calentado en el microondas para que la mezcla se disuelva y sea más fácil de repartir).
- Puedes también hacer unos dibujos con la crema de merengue que te haya sobrado utilizando una manga pastelera y el chocolate sobrante.

TARTA en VASO

INGREDIENTES

- 60 g de harina sin gluten (yo he utilizado una mezcla con 50 g de harina de arroz + 25 g de fécula de patata + 25 g de almidón de tapioca)
- 100 g de azúcar

- 4 yemas de huevo
- 4 yemas de claras de huevo
- 25 g de cacao en polvo
- ¼ cucharadita de sal

PREPARACIÓN DEL BIZCOCHO GENOVÉS SIN GLUTEN

- Prepara la bandeja del horno con papel sulfurado y pon el horno a calentar a 210°.
- En un bol separa las claras de las yemas y divide los 100 g en dos vasos de 50 g cada uno.
- Tamiza la harina con el cacao y reserva.
- Empieza montando las claras a punto de nieve con cucharadita de sal. Cuando ya las tengas casi montadas agrega 50 g de azúcar y termina de montarlas. Reserva en un bol.
- En el mismo bol de la batidora echa las cuatro yemas con el resto de azúcar y bate hasta espumar.
- Sobre este bol agrega la mezcla de harinas e integra con movimientos suaves para que no baje el volumen de la masa. Por último, añade las claras e integra con movimientos envolventes.
- Vierte la masa sobre la bandeja de horno y reparte la mezcla por toda la superficie.
- Hornea a 210° durante cinco minutos.
- Saca del horno, dale la vuelta sobre otro papel sulfurado, retira el papel superior y envuelve sobre sí mismo hasta que se enfríe.

continúa...

TARTA en VASO

continuación

Mientras se enfría el bizcocho prepara la crema. Para ello es necesario:

- 100 g de nata (con un 35% de materia grasa)

- 100 g de queso crema (puede ser queso de untar o queso mascarpone)
- 40 g de azúcar glas sin gluten

PREPARACIÓN

- Echa la nata sobre el queso crema y bate para integrar bien los ingredientes.
- Monta con la ayuda de unas varillas y cuando esté casi listo añade el azúcar glas.
- Reserva.
- Con el bizcocho genovés listo y la crema hecha ya puedes proceder a montar el postre.

¿CÓMO HACER UN POSTRE EN VASO?

- Muy sencillo: corta el bizcocho genovés con un cortador de pastas a la medida del diámetro de tu vaso y dispón sobre la base del vaso. Añade 2-3 cucharaditas de mermelada de fresas, reparte bien por toda la superficie y añade una capa de la crema con ayuda de una manga pastelera.
- Repite el proceso hasta completar el vaso.
- Decora con una frambuesas y ¡listo!

Receta sin lactosa: el relleno puedes sustituirlo por 200 g de nata vegetal.

TARTA de REQUESÓN

INGREDIENTES

- 600 ml de requesón de leche de oveja
- 60 g de mantequilla derretida
- 180 g de azúcar
- 5 huevos camperos
- Ralladura de 1 limón

- 2 cucharaditas de vainilla en pasta sin gluten (opcional)
- 300 ml nata (con un 35% de materia grasa)

PREPARACIÓN

- Pon el horno a precalentar a 180° con calor arriba y abajo y dispón la bandeja en la última ranura, la de abajo del todo.
- Prepara el molde de 20 cm de diámetro con papel sulfurado para facilitar el desmoldado final.
- En un bol o vaso de la batidora vierte el requesón, los huevos, la mantequilla, el azúcar, ralladura de limón , la vainilla y la nata.
- Tritura todo con la batidora hasta obtener una mezcla homogénea.
- Echa la mezcla sobre el molde y hornea durante sesenta minutos a 180° y treinta minutos más a 150°.
- Deja enfriar en el interior del horno con la puerta ligeramente abierta y guárdala en la nevera hasta su consumo.

TARTA de TRES CHOCOLATES

Para la base de la tarta de queso tres chocolates sin gluten he utilizado la receta de *brownie* de chocolate sin gluten (ver receta en la página 49).

He dividido los ingredientes por la mitad pero puedes hacer de base la receta de brownie completa y te saldrá una base un poco más gordita.

El molde que he utilizado es uno desmontable de 20 cm y he cubierto la base con papel de horno y las paredes de acetato para facilitar un buen desmoldado. Si no tienes y no quieres comprar, aunque te lo recomiendo ya que se puede emplear para muchos postres, prueba a engrasar el molde y poner papel de horno también por todo el lateral del molde.

Haz el *brownie*, déjalo enfriar y vamos a por la primera capa.

INGREDIENTES
PARA LA 1ª CAPA DE CHOCOLATE NEGRO

- 200 g de queso crema
- 250 ml de nata (con un 35% de materia grasa)
- 120 g de chocolate negro
- 2 hojas de gelatina
- 80 g de azúcar moreno
- 20 g de cacao en polvo

PREPARACIÓN

- Monta 200 ml de nata (guarda 50 ml para otro proceso) con una pizca de sal hasta que esté firme y reserva.
- Hidrata las hojas de gelatina en un bol con agua fría. Reserva.
- Funde el chocolate en el microondas a baja temperatura y a intervalos cortos para evitar que se queme. Reserva.
- Bate el queso crema con el azúcar y el cacao hasta que obtengas una crema homogénea.

continúa...

TARTA de TRES CHOCOLATES

continuación

- Calienta los 50 ml de nata que habías guardado hasta que empiece a hervir y disuelve en ella la gelatina escurrida. Añade a la crema de queso y mezcla bien.
- Incorpora también el chocolate derretido que tenías reservado a la crema de queso.
- Por último, añade la nata que tenías montada con la ayuda de una espátula y realizando movimientos envolventes hasta integrar bien.
- Vierte la mezcla sobre el molde encima de la base de *brownie* y lleva a la nevera mínimo treinta minutos para proceder a hacer la siguiente capa.

INGREDIENTES
PARA LA 2ª CAPA DE CHOCOLATE CON LECHE

- 200 g de queso crema
- 250 ml de nata (con un 35% de materia grasa)
- 120 g de chocolate negro
- 2 hojas de gelatina
- 60 g de azúcar moreno

PREPARACIÓN

- Es exactamente el mismo que en la primera capa. Monta 200 ml de nata con una pizca de sal hasta que esté firme y reserva.
- Hidrata las hojas de gelatina en un bol con agua fría. Reserva.
- Funde el chocolate en el microondas a baja temperatura y a intervalos cortos para evitar que se queme. Reserva.
- Bate el queso crema con el azúcar hasta que obtengas una crema homogénea.
- Calienta los 50 ml de nata hasta que empiece a hervir y disuelve en ella la gelatina escurrida. Añade a la crema de queso y mezcla bien.
- Incorpora también el chocolate derretido que tenías reservado a la crema de queso.
- Por último, añade la nata que tenías montada con la ayuda de una espátula y realizando movimientos envolventes hasta integrar bien.
- Vierte la mezcla sobre la base de chocolate y lleva a la nevera mínimo treinta minutos para proceder a hacer la siguiente capa.

- 200 g de queso crema
- 250 ml de nata (con un 35% de materia grasa)
- 120 g de chocolate blanco

- 2 hojas de gelatina
- 60 g de azúcar común
- 1 cucharadita de esencia de vainilla

PREPARACIÓN

- La misma, únicamente añadiendo la vainilla a la crema de queso.

GLASEADO de CHOCOLATE

INGREDIENTES

- 80 g de chocolate

- 40 g de mantequilla

PREPARACIÓN
DEL GLASEADO

- Derrite el chocolate junto con la mantequilla en el microondas a baja potencia para que no se queme y una vez disuelto y homogéneo reparte por encima de la tarta poco antes del momento de servir. Mejor no lo lleves a la nevera, si no se te endurecerá el glaseado.

TARTA de QUESO HELADA de FRUTOS ROJOS

INGREDIENTES

- 90 g de galletas tipo María sin gluten
- 35 g de mantequilla derretida
- 125 g de frutos rojos: fresas, frambuesas, arándanos...
- 70 g de azúcar
- 250 g de crema de queso a temperatura ambiente
- 250 ml de helado de vainilla sin gluten

PREPARACIÓN

- Engrasa y cubre un molde de 15 cm de diámetro con papel sulfurado (si tu molde es de 20-22 cm tendrás que duplicar las cantidades).
- Tritura las galletas y derrite la mantequilla a baja potencia en el microondas. Echa la mantequilla derretida a las galletas y mezcla bien, consiguiendo una textura como de arena mojada. Cubre la base del molde, presiona, alisa la superficie y refrigera durante media hora.
- Pon en un cazo a fuego suave los frutos rojos junto con el azúcar hasta que se disuelva. Deja enfriar y tritura.
- Bate la crema de queso, añade el helado de vainilla y los frutos rojos triturados. Mezcla bien y reparte sobre el molde. Alisa la superficie y congela durante al menos cuatro horas.
- Saca la tarta diez minutos antes de consumir. Decora con frutos rojos y si la quieres más especial utiliza también alguna flor natural como la mía.

TARTA de FRESAS y CHOCOLATE BLANCO

INGREDIENTES

- 400 ml de nata (con un 35% de materia grasa)
- 100 g de chocolate blanco
- 60 g de azúcar
- 150 g de queso crema
- 1 sobre de cuajada sin gluten
- 20 galletas sin gluten
- 90 g de mantequilla

PREPARACIÓN

- Lo primero es hacer la base. Para ello tritura las galletas y añade la mantequilla derretida. Mezcla todo bien y cubre la base del molde. Guarda el molde en la nevera durante una hora.
- Para hacer el relleno, partimos el chocolate blanco y lo ponemos en un cazo junto a la nata, el queso crema y el azúcar. Lleva al fuego y remueve hasta que se disuelva el chocolate.
- Añade el sobre de cuajada y deja al fuego un par de minutos más sin dejar de remover y sin dejar que la mezcla hierva.
- Saca el molde de la nevera y rellena con la mezcla de chocolate blanco. Deja enfriar a temperatura ambiente y una vez fría lleva la tarta a la nevera para que termine de cuajar. Unas tres horas aproximadamente.
- Para decorar esta tarta de fresas y chocolate blanco sin gluten he partido fresas en láminas y pincelado con un *coulis* de fresas.

continúa...

Coulis de FRESAS

INGREDIENTES

- 100 g de fresas limpias y partidas en trozos
- 60 g de azúcar
- 50 ml de agua

PREPARACIÓN

- Lava las fresas y quita la parte del rabillo verde. Deja que se escurran.
- Pon las fresas en un cazo junto con el azúcar y el agua a fuego suave.
- Deja al fuego durante diez minutos (no hace falta remover).
- Una vez el azúcar esté disuelto pon la mezcla en el vaso de la batidora y tritura.
- Saca la tarta de la nevera y pincela con abundante *coulis* de fresas.

Receta sin lactosa.

TARTA de CHOCOLATE y CALABACÍN

INGREDIENTES

- 250 g de harina sin gluten (he utilizado 75 g de harina de arroz integral + 90 g de harina de arroz + 45 g de almidón de tapioca + 40 g de fécula de patata)
- 300 g de calabacín con piel
- 125 ml de aceite de oliva suave
- 200 g de azúcar moreno
- 50 g de cacao en polvo desgrasado
- 1 cucharadita de pasta de vainilla sin gluten
- 15 g de levadura química tipo Royal

PREPARACIÓN

- Pon el horno a calentar a 180°, calor arriba y abajo.
- Trocea el calabacín. Para ello pícalo con la picadora (piel incluida) hasta que esté casi tipo puré. Deja que suelte el exceso de agua en un escurridor.
- Bate el azúcar con el aceite y añade el puré de calabacín.
- Incorpora el extracto de vainilla.
- Añade la mezcla de harinas tamizada, el cacao en polvo tamizado y la levadura. Con la ayuda de una espátula ve integrando a la mezcla.
- Vierte la mezcla en un molde redondo de 20 cm de diámetro, engrasado y cubierto con papel de horno en la base (para facilitar el desmoldado) y lleva al horno durante treinta minutos a 180°.
- Deja enfriar y decora con una *chantilly* de chocolate por encima y unos *sprinkles* sin gluten.

*Sin gluten, sin lactosa y sin huevo.

continúa...

TARTA de CHOCOLATE y CALABACÍN

continuación

CHANTILLY de CHOCOLATE

INGREDIENTES

- 200 g de nata con un 35% de materia grasa (nata vegetal para intolerantes a la PLV)
- 2 cucharadas de azúcar glas sin gluten
- 2 cucharadas de cacao en polvo desgrasado

PREPARACIÓN

- Lo primero y para ir a lo seguro dejaremos la nata el día de antes en la nevera o, si te has olvidado, treinta minutos en el congelador junto al bol y las varillas que vayas a utilizar para montarla.
- Pon la nata fría en el bol frío y bate energéticamente (ayuda mucho una batidora de varillas eléctrica).
- Cuando empieza a montar incorpora el azúcar glas tamizado y una vez incorporado echa el cacao en polvo igualmente tamizado.
- Deja de batir cuando ya la tengas bien montada ya que un exceso puede llegar a estropear el montado.

*Utiliza nata vegetal para montar para hacerlo sin lactosa.